2 论 破愚瞎以明新道
法说新语·丛书

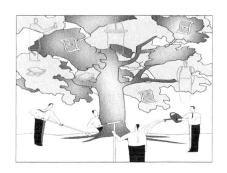

缘木求鱼

周赟 ◎ 著

知识产权出版社
全国百佳图书出版单位
—北京—

图书在版编目（CIP）数据

缘木求鱼／周赟著．—北京：知识产权出版社，2023.1

ISBN 978－7－5130－8278－5

Ⅰ．①缘…　Ⅱ．①周…　Ⅲ．①法律—随笔—中国—文集　Ⅳ．①D92－53

中国版本图书馆 CIP 数据核字（2022）第 144069 号

责任编辑：唱学静　　　　　　　　　　责任校对：谷　洋

封面设计：杰意飞扬·张　悦　　　　　责任印制：刘译文

缘木求鱼

周　赟　著

出版发行：**知识产权出版社** 有限责任公司	网　　址：http：//www.ipph.cn
社　　址：北京市海淀区气象路 50 号院	邮　　编：100081
责编电话：010－82000860 转 8176	责编邮箱：qiziyi2004@qq.com
发行电话：010－82000860 转 8101/8102	发行传真：010－82000893/82005070/82000270
印　　刷：北京九州迅驰传媒文化有限公司	经　　销：新华书店、各大网上书店及相关专业书店
开　　本：880mm×1230mm　1/32	印　　张：7.5
版　　次：2023 年 1 月第 1 版	印　　次：2023 年 1 月第 1 次印刷
字　　数：180 千字	定　　价：68.00 元

ISBN 978－7－5130－8278－5

序：为何名之为"缘木求鱼"？

《孟子·梁惠王上》曾记载了孟子与梁惠王的一段关于如何"抚四夷"的对话。最后，孟子对梁惠王意欲通过"兴兵甲"方式来达致此目的的做法，提出了警示，所谓"缘木求鱼，虽不得鱼，无后灾；以若所为，求若所欲，尽心力而为之，后必有灾"。

一般认为，"缘木求鱼"这个成语就源自这段对话。为了方便大家的理解，我们不妨把这个成语翻译成这样一个现代文的段子：

张三与李四两个人在闲聊。张三问李四："你今天准备干啥去？"李四说，"我想去捕鱼。"接着回问了一句，"那你今天干啥？"张三的回答是，"我也准备捕鱼去。"张三刚回答完，回头一看，却发现李四不见了，于是，当然到处找。

这时，从树上传来了李四的声音，"嘿，张三，我在这儿呢。"张三有点儿困惑，于是问："李四，你不说要去捕鱼吗，干吗上树啊？"李四一边爬一边说："对啊，可是你说你也要去捕鱼，为了提防你跑到我前头，我不得拼命爬？"张三当然还是不理解，"可是，你知道鱼是什么，以及鱼在哪儿吗？你就拼命爬？"李四还在一边爬一边说，"那我不管，爬了再说"……

谢谢您耐心地看我这么啰唆地讲完这个故事。现在，我想请问您：我们今天的有些做法是不是颇有李四般缘木求鱼之意味？

譬如，在司法改革的过程中，我们在设计各种具体改革举措之前，是否认真讨论过司法这条"鱼"本来是什么、又本来应该在哪儿？抑或更多的情形是，一说改革就开始"飞天""遁地""潜水""爬树"等万法齐备？

又如，在法学高等教育改革的过程中，我们是否认真考虑过法学高等教育以及高等教育的本相？我们是否想过当前的一些具体改革举措，如全省统一教师职称评定标准、全校统编教案，除了便于行政管理的开展以外，会造成对教育尤其是大学教育的某些妨碍？甚至，是否与当前中央厉行的"放管服"这一大"鱼"（方向）相悖？

再如，在我们复兴优良传统、增强文化自信的过程中，我们是否认真研究过，"传统"到底是个啥？以及，到底何谓发扬优良传统的妥切方式？更进一步地，当下世代在传统面前只是消极的承受者，还是传统是当下世代的对象，而当下世代在其中才是真正的主体？

……

在这本文集中，收入的是我这些年关于司法、司法改革，法学、法学高等教育，以及传统和制度变迁的一些思考。坦率讲，我越是思考，就越对当前的一些具体做法感到忧虑——我一直强调"具体"，是因为我对改革方向并没有异议。

在这个意义上，为本文集取名"缘木求鱼"，表达的正是我的一丝忧虑。

另外，我之所以名之为"缘木求鱼"，也在于表达如下这样一种调性：淡定而固执的书生气。俗语云，"百无一用是书生"；我的家人朋友则经常提醒（抑或为"批评"）我"太幼稚""太迂腐"。前者说的大概是，书生既不会耕地种粮，也不会打仗杀敌；后者的意思则肯定是，我总是过于纠结于逻辑以及逻辑的圆洽性，却忘记了经验生活中的具体事物往往并非逻辑的展开。因此，我完全可以预见，当有人看到这部文集时，很可能会说，"即便你讲的这些逻辑上能成立，理论上讲得通，但如果决策者看不到甚至社会大众都懒得关注，有用吗？"

不能说如上俗语或我家人朋友的说法没道理，但我始终认为：如果这个社会上所有的人、所有的职业群体，都可以、能够坚持自己真诚认为对的东西，并且坦率地去做、去追求，那么，这个社会一定会成为更好的社会；而如果这种追求，能够符合或至少不违背人情伦理以及法律制度，那么，这社会一定就是——用福建普通话讲——"灰常好"的社会。

换言之，我从不奢望自己的观点一定能引起什么回响，但我认为，只要足够真诚，哪怕很可能是无用功，也值得一试。在这个意义上，我说，"缘木求鱼"就是一种淡定地、真诚地做自己认为对的"书生气"。

我觉得，自己在写收入本文集的这些文字时，还蛮真诚的；当然，我也相信或至少希望它们并没有违背法理伦常。所以，再次强调，尽管我不认为蕴含在这些文字中的思考一定能成立，也未必能引起什么回响，但我还是不揣冒昧，把它们集结、出版了。

收入本文集的所有文字，绝大部分都曾有幸在各类报刊发表。但为了保留思考时的"原貌"，在收入本文集时，那些公开发表过程中基于编辑工作需要而作出的调整，对之——"复原"。所以，如果您碰巧有兴趣，想依据文集中的标题检索相关发表信息，未必能够成功。此时，请您不妨以文中的一句话为基准进行搜索。

另外，考虑到有时间上错位的问题，因此，在整理过程中，有些文章我加了"作者按"，有些地方我则用"＊"加了脚注进行说明（用数字序号脚注的，写作时用的是"原"注）。

2018 年暑假，我到甘肃酒泉参加"第十三届全国法律方法论坛"。因下午议程结束后并没有返回厦门的航班，所以，只能住下。准备吃晚饭时，偶遇同样境遇的广西大学魏敦友教授。魏老师是我的师长，但却高看我一眼，在讨论问题时把我当朋友看——对于这种率直、坦荡，我除了喜欢，就是羡慕；同时，还遇到知识产权出版社两位美女编辑齐梓伊、唱学静——这里的"美女"，不是泛称，而是写实，因为两位女士都很优雅，并且又都对学术抱有严肃、真诚的心，所以，至少在我看来，是真美。于是，相约一起吃饭、聊天。

然后，就聊到了文集出版的事儿；再然后，才有了呈现在您面前的这本集子。

我要感谢一直以来给予我机会发表文字的各类报刊、平台，作为一个思考者，有地儿公开表达、分享自己的想法，无疑是幸运的；我还要感谢齐梓伊主任、唱学静编辑，没有她们的看得起，没有她们对真诚思考的真诚，该文集很可能不会有幸通过知识产权出版社面世。

当然，我也要感谢一直以来陪伴我思考、成长的家人、亲友、同事、学生，因为，正是他们，才构成了我思考、成长的原动力。

2022 年 8 月 6 日
定稿于靠山临海居

目　录

法观念、法文化与法律制度

法学、法学者与法学院

法舆论、法适用与司法改革

法观念、法文化
与法律制度

食狗肉、现代性与法治

● **作者按** 一直想就部分所谓爱狗人士的疯狂举动（如公然侵犯食用狗肉人士的人身财产、人格权益）写点儿什么。仔细一琢磨，发现这个现象就当下社会而言，其实还蛮有代表性。因为部分人士对同性恋者的排斥，对标新立异的贬低，对各种不同（仅仅是不同）的压制，等等，均可作如是观。我特别想问这些人士一个问题，那就是：你的偏好或不偏好，别人为什么也要偏好或不偏好？

伴随着"玉林狗肉节"等社会现象，我们经常可以看到人们就如下类似问题展开激辩：是否可以杀害并食用狗肉？当一条狗咬伤路人或对路人构成威胁时，是否应该伤害甚至击杀这狗？一对夫妻用卡车所载的 200 余条狗——有关新闻并没有报道这些狗的本来"目的地"——被一群爱狗人士劫走，爱狗人士是否可以这样做？

对于如上问题或现象，爱狗人士的典型反应是，"狗是人类的朋友，除非人性泯灭，要不然怎么能虐待可爱的狗狗们甚至杀害、进而食用它们？"可对狗不那么"有感"的朋友则会反驳，"狗充其量只是你们的朋友，我又不喜欢狗——狗肉除外；再说，你们自己不也啃着猪蹄、喝着鸡汤——凭什么食用猪或鸡的你们就比喜好狗肉的我们更高人一等？"最后，几乎所有相关新闻报道都这样结尾：双方大吵一架；有时候甚至引发暴力冲突。但吵架也好、冲突也罢，并不能也没有解决问题，因为相同的争吵、相同的故事总会换个时间、换个地点再次上演。

作为一位爱狗人士，说心里话，每当我看到狗狗被不友善对待，真的有种心痛的感觉。但与此同时，我又确实想对那些一见到他人食用狗肉就作出过激反应的爱狗同人们说一句：我们喜欢、爱护狗狗，别人为什么一定要像我们一样？更重要的或许是，如果一个人食用的是自己私有狗的狗肉，我们凭什么去辱骂、干涉他？并且，如果你是一个并不吃素的爱狗人士，倘若有一群爱猪人士在你食用猪肉时，像你对待食狗肉者那样辱骂、攻击、干涉你，你的感觉将会怎样？

可以说，一旦我们冷静下来，就很容易发现，所谓"萝卜白菜各有所爱"，所谓"甲之蜜糖，乙之砒霜"。换言之，我们并不会因为不食用狗肉就比食狗肉者更高尚——即便你是个素食主义者，譬如你只吃白菜，说不定也会有人——如一个只需吸天地之灵气的得道道士，这样骂你：小白菜也是一条生命，多可爱的小白菜，你居然下得了嘴？

更进一步的观察、思考会让我们发现：在今天，不仅仅在食狗肉以及如何对待狗这个问题上会呈现出如上"公说公有理，婆说婆有理"的格局，不夸张地说，几乎所有人际交往领域都会出现这种状况。以我们一家三口为例，就经常会为"周末去哪儿玩"这样一个小问题吵得不可开交：我太太觉得逛街最好；小朋友则特别想去动物园；而我则觉得待在家看看书、看看电视才最舒服——显然，一如爱狗人士并不比爱猪人士高尚一样，我们家任何一个人都没有理由"鄙夷"其他人的周末爱好。如果我们都足够冷静，我们每一个成员唯一能做的充其量只是：耐心地展示自己的选择和爱好之理由，看看能否打动另外两位；而不应事实上也不会像爱狗人士那样，以一副真理在握的样子去贬斥、攻击另两位。

纯私人领域如此，公共领域何尝又不如是？最典型的例子是近些年经常发生在中东地区的"人肉炸弹"问题。每次发生类似事件，欧美媒体几乎一律都以"自杀性恐怖袭击"定性；但与此同时，部分中东人士则高呼"发起了又一次圣战"。我个人当然反对任何针对平民的杀伤性事件，我甚至反对一切武力活动，但如果以冷静、中立的姿态看：有谁，又依据怎样的标准可以断然肯定或否定如上任何一种定性？

为什么在今天会出现这样一种几乎没有绝对对错、好坏的格局？更进一步讲，这种局面是一时的偶然还是基于某些原因的必然？面对这样的格局，我们该当何为？对这些问题的关注，或许才是我们应当认真对待诸如食狗肉这类现象的根本原因。换言之，在我看来，之所以应当严肃对待食狗肉问题，并不仅仅是一个单纯的个人爱好问题，毋宁说，它涉及当下社会的一些根本面。

首先，之所以"今天"看起来似乎陷入到一种绝对的相对主义境地，是因为这是社会现代化转型的必然代价或必然成本。尼采（Friedrich Wilhelm Nietzsche）讲，现代化意味着"上帝死了"。这是什么意思呢？它说的是，在前现代社会，存在一个最高且唯一的终极答案或价值标准，因此，万事万物都对错分明、是非清楚，但与之相伴的却是人的主体性、主观性被压抑。而在转型之后的现代社会，人的主体性、主观能动性得到了承认、张扬，因此人们不再迷信某个外在的权威（可以是"上帝"，也可以是其他扮演相应角色的神、人或物），换言之，"上帝"作为万事万物的终极标准轰然崩塌，其结果之一便是，社会的活力大大地增强，所以马克思（Karl Marx）才会讲，现代化之后的"资产阶级在它的不到

100 年的阶级统治中所创造的生产力，比过去一切时代创造的全部生产力还要多，还要大"；与此相对的另一个后果是，全社会几乎注定要陷入某种相对主义的境地之中。

那么，其次，面对这种相对主义格局，我们该当何为？还是说什么都做不了？或什么都不用做？我们显然应当积极作为并有所作为。以食狗肉现象为例，如果我们什么都不做，它可能会引发更为严重的冲突；即便不是如此，也至少为社会公共交往的秩序化埋下了一颗不定时炸弹。显然，在人的主体性、主观能动性已经得到张扬的今天，我们不可能、也不应该通过重塑一个"上帝"的方式来回应当前的相对主义格局。我们唯一能做的就是，提倡、推进并完善法治事业，因为唯有法治才能既承认人的主体性、主观能动性，又能为交往各方提供一个共识基础，进而促进社会公共交往的秩序化、理想化。

在这里，所谓"法治"指的是"先在的为各方所接受的规则得到各方实际的遵守"——由于规则本身并非某个外在权威所给定，而是经由交往主体各方承认的，因而它可以最大程度上保持人们的主体性、主观能动性；另外，当交往各方因立场、标准不同而无法达成共识时，这些为各方所承认的先在规则可以为大家提供判准、答案，进而促进公共交往的秩序化。

按照法治的精神和要求，当一个人或某群体真诚地笃信自己的主张，如爱狗人士之于爱狗，则他们可以并只能第一，去说服、劝服不爱狗人士接受他们的主张；他们甚或可以第二，推动"爱狗法"的制定——这是全世界大部分理性的宠物爱好人士正在做的事儿。如果他们成功地使"爱狗法"以合法形式获得通过，届时，如果再有人虐待狗狗，则爱狗人士不仅自己可以批评、干涉这种活动，还可以请求公权机关的强力介入。相对应地，如果爱狗人士既不能劝服他方，也不能使自己的主张通过相应程序成为各方所接受的"先在的规则"，那么，他们唯一能做的就是：保持自己的立场，但也必须充分尊重别人的立场；否则，他方就可能请求公权的强力介入来反对爱狗人士针对他们所作出的攻击、干涉和批评。

李克强总理在多个场合都讲，"高手在民间"。这一判断意味着，在现代化的今天，我们必须确立并充分尊重社会大众的主体性和主观能动性，因为唯有如此，才可能给予民间的高手们以充分发挥其主观能动性和聪明才智的空间，才能真正享验到现代化社会的"好"（活力极强）。这进一步意味着，相对主义是我们在享受现代化带来的各种"好"时所必须付出的代价；这当然也意味着，在今天，提倡法治、践行法治、完善法治确实刻不容缓——在这个意义上，党中央用中央全会这样的规格来对法治中国目标进行确立并制定相应路线图，实可谓恰逢其时、切中要肇。

（本文原载《厦门日报》2016 年 10 月 30 日）

传统的承续与原生态文化的保护

一

长期以来，传统似乎总是让我们爱恨交加。

从表面上看，当下人在面对传统时似乎注定不得不面对如上纠结，然而，这种纠结其实更多的是一种幻象，因为它根本上源自我们对"传统"本身认知的错误。最新商务版（第5版）的《现代汉语词典》对"传统"作了这样的解释，"世代相传、具有特点的社会因素，如文化、道德、思想、制度等"。这个界定的不足之处是略显模糊，尤其是没有能突出"传统"与"历史"或"经验"的如下区别：后两者具有的仅仅是过去的面向，而前者则不仅仅具有过去的面向，它还明显地关涉着现在甚至将来。那么，到底应当如何界定"传统"？对这个问题的回答，可能取决于对如下问题的回答：传统的住所在哪儿？也即，传统存在于什么地方？对这个问题，很多人脱口而出的答案也许是，"传统存在于过去"！然而，如果传统存在于过去，那我们岂不是要说山顶洞人的生活方式是中华文明的传统？欧洲人又岂不是要说，蛮族的部落生活是他们的传统？因此，传统可能并不是或至少不单纯是存在于过去——事实上，如果传统仅仅停留在过去，那么，用"历史""经验"等词就大体可以取代"传统"了。换言之，"传统"一词存在的必要性也就大有可疑了。

其实，真正的传统必定同时具有过去和当下甚至将来的面向。因此，回答传统的住所，可能也必须照应到这三个面向。因此，不妨将传统的住所界定为：传统存在于继承之中，并且只有能够被续造的历史或经验才能被恰切地称之为传统。这就是说，传统既不存在于过去，又不存在于当下，当然，传统亦不存在于将来——它存在于当下人对历史经验的择取、识别、接续以及在此基础上的创造的过程中。在明确了传统的住所之后，我们回过头来看"传统"的内涵问题时，就豁然开朗了：所谓"传统"，其实就是存在于当下生活之中的，但又源自过去之历史、经验的各种文化因子，它构成了一个民族（或一个地方）的认同之本，也是该民族与其他民族展开对话的当下前见之重要组成部分（另一组成部分源自外来文化）。

这个关于"传统"的定义，除了突出了其独特的、不能为其他语词所代替的内涵外，同样重要的一点在于，这个定义有助于我们摆脱在文化问题研究、讨论中的一些似是而非的看法：首先，它明确揭示出如下这种观点实在不过是一种拿古人当替罪羊的认识——在社会舆论中，我们经常可以看到这样的认识，即动辄将当下的诸如官场腐败、社会失信、奢华浪费、破坏生态等令人发指之现象归咎于"历史传统"。其实，历史哪有什么错（当然，也无所谓对）？如上种种问题如果真的与历史、与"传统"存在必然关联，那也只是因为当下人仅仅从历史以及他们所谓的"传统"中择取了这些，而非历史"规定"我们现在只能如此。申言之，这些坏现象是我们的"选择"所造成之问题，而非祖先们"留下"的问题。其次，它明确指示我们，所谓传统，不是一个消极的、等待我们去发掘的自在和已然的"being"，而是一个能动的、需要加入我们之努力的"becoming"。这就是说，即便一个文化体的历史足够的辉煌，即便一个文化体现在足够的强大，即便没有外敌的入侵或意外的灾祸，也不总是意味着这种辉煌、强大会自动地形成某种传统——欲形成一种传统，必须有赖于历代人不断地拯救、继承和融合、创建。最后，既然传统不过是一个当下人继承、续造的过程，那么，其实"传统"好或不好，关键在于当下人。

二

记得还是去年公历 7 月底，我到贵州贵阳以及凯里两地参加"第五届全国民间法研究年会"，其间有幸领略了当地苗族、侗族等兄弟民族的特有风物。对于那些精彩绝伦的原生态民族文化，我除了惊叹以外，却也因为如下"发现"而略微觉得遗憾——至少起初是这样的。

在我的想象中，居住于崇山峻岭之间的苗族过的应当是一种世外桃源式的生活，这一点从他们的饮食习惯以及歌舞样态来看也确实如此，然而当我猛然间发现当地群众也像大都市的夜总会那样借用霓彩灯、麦克风，甚至主持人偶尔迸出外文单词来包装他们的民族风情时，我不禁问自己：这还是苗族歌舞尤其是原生态苗族歌舞吗？更重要的也许是，长此以往，当地民族文化的原味儿还能一如既往地保存下去吗？

按照学术界的说法，"原生态"是一个还没有确切内涵的舆论性术语。但乍看起来，所谓原生态，应该指的是一种未受或几乎未受异文化影响的地方性文化样态。如果这一界定大体能够成立，那么，诸如霓彩灯、麦克风乃至外文单词等对一种原生态文化的影响就将是不可接受的，因为所有这些都必将在一定程度上导致原生态变味儿。因此，所谓原生态文化保护其实在很大程度上也就是使处于原生态状态之下的文化与"外面的世界"隔离开来，并使前者免受后者的毒害、污染。

就我的观察来看，我们的媒体、舆论似乎也确实是这样看原生态以及原生态保护问题的：每当得知一种地方性文化尤其是兄弟民族文化受现代化（或其他什么）影响之后，我们不总是可以看到有人在媒体上以一种充满着或淡淡的、或浓浓的凭吊意味却高高在上的腔调诉说、评论着相关现象吗？

在某种程度上，我原先也是这样认为的，所以起初才会觉得遗憾。但在这次贵州之行中，苗族、侗族小伙儿以及姑娘们对诸如麦克风、外文单词熟练自若且愉悦地运用却让我切实地体会到，只要一种原生态文化中的"人"自己愿意，并且也确实或主要是自己作出的选择，我们作为他者，有什么理由去强说愁式地悲哀甚至谴责以及去阻碍相应变化？换言之，如果所谓现代化或某种程度的现代化本就是原生态文化的享验主体之选择，如果我们真把他们当作"兄弟"，并且如果我们不认为自己高兄弟一筹以至于"有责任"代其选择，那么，所谓原生态文化的现代化或其他什么样的变化，有什么好哀愁的呢？这进一步也意味着，当前的一些关于隔离原生态文化与"外面的世界"之舆论或相对应的所谓原生态"保护措施"，从根本上不可取，因为此种舆论或保护措施本就不过是相对原生态文化而言之他者的一厢情愿罢了，而作为一种原生态文化之享验主体的"当地人"，也许最反感的就是这个。

当然，更严重的吊诡也许在于，从逻辑上讲，所谓"原生态"本就是一种消解并去除其中之主体的术语：我相信，一种地方性文化的主体如果没有他者的提示，就一定不可能把自我界定为"原生态"。而如果对原生态的认定首先并且往往主要来自他者，除了会带来如上主体性因而也是根本性问题外，还必定将面临如下困境：即，所谓原生态的"原"之判准是什么？譬如说，从时间维度看，是以此种文化出现之日其为"原"之判准，还是以该他者发现此种文化之日起？如果是前者，那么，这个世界上也许不存在严格意义上的"原生态"文化，或者说所有的原生态文化也许至少都应当追溯到茹毛饮血的远古时代；而如果是后者，谁又敢确定发现之日起的此种文化还是原汁原味的原生态？因此，至少从时间维度看，所谓原生态、原生态文化以及原生态文化保护其实是蕴含着深刻的逻辑矛盾之术语。

更进一步讲，文化哲学的研究早就已经清楚地表明，一种有生命力的文化样态以发展并且往往以开放性发展为其根本的存续之道。这就是说，也许除了博物馆或纪录片中的死资料外，没有一种文化可以长久地存续但却又没有任何的发展——所谓发展，当然就一定包含着变化。因此，确实没有理由在所谓原生态文化保护的过程中去隔绝此种文化与其他文化的接触；或者反过来讲，至少从主体平等的角度讲，只要一种原生态文化对其他文化的借鉴以及因之带来的变化是原生态中的人所主导的，那么，他者即便可以评说、建议，也必须在尊重、理解的前提下进行。

因此，如果"原生态"这一术语是用来指称那些活生生的文化样态，而非用来指称博物馆、纪录片中的"死"文化（严格说其实应是"文化载体"），那么，所谓原生态文化就一定只能是不断发展而发展又要求不断开放的一种文化样态；同样地，如果原生态文化指的是一种活文化，那么，其中的主体就一定应该是此种文化向何处去的最终并且也是最重要之决策者；而如果原生态文化真的需要保护，那么，这种保护也一定应当从根本上允许其中的"人"的发展，而不应将他们当作"外面的世界"之单纯的欣赏对象，并进而以保护之名禁锢或限制其中的"人"的发展。

三

本文第一部分的分析表明，传统存在于当下人的一种面向未来的对过去事物的选择、接续过程之中，因而它的发展取决于被抛向传统的当下人。相对应地，原生态的发展同样应取决于其中的"人"：原生态要怎样发展甚至要不要发展，只要它最终是基于其中"人"的自主选择，就是可接受的；也只有当它是基于其中主体的自主选择，才是可接受的。进而言之，对所谓原生态的保护就应当是并且必须是一种基于对其间主体的平等尊重并且以原生态的发展而非禁锢为目的的保护，尽管这样一来，正如我前文提到的凯里侗族年轻人熟练运用现代光电技术、西方话语而导致其"原汁原味"的弱化（实际上也就是被他者化）现象中所显示的，将很可能从根本上弱化原生态的独特性，进而其实也就是等于某种程度地消解原生态本身——尤其是在全球化、现代化……如此强势的今天。

也许本文关于传统以及原生态文化的结论对于那些习惯于拿古人说事儿的现代人或生活于主流文化中的当下人来讲多少有点冒犯或无奈、消极的意味，但或许也只有这样的结论才可接受，因为只有这样的结论才符合当下多元化之社会本质或社会欲求。

【本文第一部分原载《法制日报》
（2020 年 8 月 1 日更名为《法治日报》，下同）2012 年 4 月 26 日】

文化传承：虚构后否弃还是批判后重建

全球化时代有这样一个看上去颇具吊诡意味但其实却合理的现象：一方面，各民族国家器物甚至制度层面高度一体化；另一方面，同样是当下的民族国家，其精神层面的寻根意识或认同问题却又越发显现出来。这个现象的吊诡之处就在于两个明显具有背反性的现象发生于同样一个过程；而其合理处则在于，其实正是因为全球器物、制度层面的广泛交流和一体化，才使得"我是谁"这个问题更加外部化——也正是在这个背景下，使得对传统文化的接续成为了每一民族国家都必须认真对待的一个课题。这其中，如何看待传统文化则是这一接续、传承过程中的前提性也是核心性课题；同时，它也是一种民族文化能否独立存在以及能否在世界文化中占据一席之地的关键所在。

然而，自"五四"以来，我们的社会在关于如何对待传统，或者说如何对待中西文化传统的问题上却一直存在着一种微妙同时也甚不合理的态度。这种不合理的态度，大体可以作这样的描述：总是倾向于否弃我们自己的传统，而相对应的则总是倾向于肯定西方的传统。用笔者的概括就是：我们对于自己的历史总是采取一种"虚构后否弃"的态度；而对于西方历史则采取一种"批判后重建"的态度。与此相关的是，国外学者、西方世界一般总是采取

"批判后重建"之态度对待自己的历史。

那么，何谓"虚构后否弃"以及何谓"批判后重建"？在这里，前者的基本含义是：在对历史并且往往是中学历史不甚了解时，仅仅依据一些某种程度上的虚构就对之作出一种"扣帽子"式的负面定性，并进而对历史进行贬斥、否定；相对应地，"批判后重建"则指的是在对待西学历史时，我们总是能够首先对之进行一定程度的肯认，然后在此基础上进行甄别、评断和借鉴（是为"批判"），并进而进行创造性重构。举例来说，在对待文化历史方面：当现今的社会出现严重的诚信危机、个人崇拜等问题时，我们总是习惯于将它们归因于历史并进而对历史进行否弃——殊不知，我们的老祖宗、我们的历史也许恰恰最不缺的可能就是所谓的"仁义理智信""人皆可以为尧舜"等观念。也就是说，如果没有对历史的某种程度的虚构，我们就不会将现今社会中的一些问题归咎于历史，让历史背锅并进而对历史进行批驳。因此，从这个意义上讲，这是一种典型的"虚构后否弃"的态度。

相对应地，对当今西方社会的平等、自由和人权等进步观念，我们却总是习惯性地认为它们源自西方历史——并且俨然是在西方古典历史中就已然成型的东西。然而，西方历史社会中的贵族身份制度、封建采邑制度、政教合一体制等历史的制度性事实却清楚地表明，这些进步观念在西方历史中如果说有，也可能仅仅是一种影子或说雏形并且是一些杂生于诸多不合理观念之中的雏形观念——也就是说，他们不过是近现代人对历史进行甄别、借鉴和重构的结果，也即"批判后重建"之结果。

在对待学术历史方面，这种反差表现得就更为明显。同样举例来说，尽管在柏拉图（Plato）那里公开主张人可以分为三六九等，尽管在亚里士多德（Aristotle）那里明目张胆地宣称"有些人天生是奴隶，因此奴隶制是合理的"，尽管康德在同性恋等问题上表现出极大地不宽容，但我们总是习惯于称他们为当代法治理论（强调人人平等）或自由理论（强调在私人领域的自主）的奠基性学者——考虑到他们如上的主张，我们不采取"批判后重构"的态度，怎么可能从柏拉图氏、亚里士多德氏或康德氏的理论中得出上述决然的结论？而相对应的，尽管孟夫子极倡"民贵君轻"或"暴君放伐"论，尽管韩非子明确主张"法不阿贵"或"刑过不避大臣，赏善不遗匹夫"或"明主使法择人，不自举也以及使法量工，不自度也"（这最后一观点与亚里士多德关于法治优于人治的论述何其相像），尽管朱子并不反对对人之天性的肯定（这可以从他关于"饮食"和"美味"的论述中看出），但这并不"妨碍"我们认定孟夫子宣扬君主专制（因为他宣扬的毕竟不是"人民当家作主"而是"为民当家做主"），认定韩非子赞成贵族等级制，认定朱子主张为"存天理"而"灭人性"（此处实际上当然是"人欲"，但却总是被想象为"灭人性"，据说是因为朱子是典型的"封建卫道士"）并进而对之作出批判——试想，对孟夫子、朱子所作的批判，不经过我们的某种虚构，哪能这么"理直气壮"？或者说，若我们能够像对待柏拉图、亚里士多德或康德那样采取一种"批判后重构"的态度对待我们的这些先哲，那么，也许我们现在就不会存在各种关于中国文化现代转型可能会湮灭或割断我们历史的担心了。

接下来让我们对照着谈谈这两种态度所产生的不同后果。首先，关于"虚构后否弃"，它主要会导致某些恶果的产生。现择其要者，按它们的逻辑展开描述如下：其一，虚构后否弃意味着对历史的无知鄙弃，而这有可能造成文化发展的病态局面。前述关于文化史或思想史的例子清楚地表明，由于今人的"虚构"往往是对历史的歪曲甚至是严重歪曲，而对这种歪曲后的"历史"所产生的错误认识又往往会累及真正的历史并进而对真正的历史进行不了解真相的鄙弃。因此，这种态度所导致的恶果之一就是对历史进行无知的鄙弃——人类文化史的发展清楚地表明，任何不顾及历史、不延续历史的所谓文化转型或文化变革都不可能形成历史，而只能再一次地成为被变革的对象；相对应地，真正成功的文化转型都无一不是在历史基础上的"创造性转型"（林毓生）。其二，虚构后否弃会导生文化空白地带，并进而导生文化毒瘤。所谓文化空白地带，是指一方面，由于对历史文化的放逐，另一方面，又由于对外来文化的借鉴和内化总是需要一定的时间和空间，因之，这两方面的因素有可能使某些特定的时空处于一种没有文化规范的状态之中。其三，虚构后重建会使我们的文化发展处于一种总在追赶他人的困境。对历史的放逐使得我们的文化发展总处于借鉴，因而也总是仰人鼻息的状态中。

而"批判后重建"则是一种理性的文化传承态度，甚至也是笔者所认为的唯一之理性的文化传承态度。如前述，正是因为西方学者没有因为亚里士多德、康德等老祖宗的理论中存在某些不合理之处就一棍子将其打死，正是因为西方世界能够从"万恶的"中世纪教会实践中汲取"上帝面前人人平等"之观念并进而重构或置换成"法律面前人人平等"，我们才看到存在于当今世界的、一个强大的西方文明集合体和文化聚合体——可以说，这种关于历史的"批判后重构"之态度其实也正是西方文明近代以来迅猛发展的秘诀所在；或者换言之，如果没有这种关于历史的"批判后重建"之态度，强大的西方文明也许将处于另一种境地。另外，需特别说明的是，我们这里强调的是对历史进行"批判后"的某种重构，也就是说，笔者并不主张以那种阿Q式的"我们先前也富过"之态度拜服于历史面前并进而拒斥转型或决然排斥外来因子——本文强调的仅仅是，要善待历史。

很显然，在这个急剧变化因而也更需要立足之根本的现时代，我们应当谨防的是关于历史之"虚构后否弃"的无知的拒斥态度，我们需要的是一种关于历史之"批判后重建"的"有知"的借鉴态度。

（本文原载《法制日报》2012 年 5 月 31 日）

普法，依然任重而道远

在这篇小短文中，我想与读者诸君分享两点观察以及一点建议、一个判断。

首先是第一点观察。

最近的李姓"星二代"涉嫌犯罪①一事儿引起了社会的广泛关注、讨论。作为一个法学研习者，我很遗憾地发现：第一，很多媒体几乎第一时间就刊载出李姓青年的照片，连带把他的姓名、年龄甚至成长经历也"报道"出来；尤其让我觉得遗憾的是，第二，迄今几乎所有公共讨论都或明或暗地以该李姓青年犯罪为前提进行遣词、行文，俨然比相应的办案机关更为先知先觉。

我之所以对如上第一点感到遗憾，是因为大众媒体本来应该扮演的是现代公民文化、理性精神的塑造者角色，这意味着它的所有行为无论如何都必须首先尊重法律，尤其是法律或法治的基本精神。然而，当媒体"争先恐后"地刊载出李姓青年的包括年龄在内——这意味着它们清楚地知道李姓青年是个未成年人——的各种个人信息时，大众媒体基于如上应然角色的责任感似乎早已被抛到九霄云外，而仅仅剩下只有小报才特有的对眼球效应、噱头效应的嗜血般狂热。

---

① 即媒体称之为"李天一案"的案件，按照后来（2013 年 11 月 27 日）北京市第一中级人民法院的终审定谳结论，强奸罪罪名成立。

当然，我的这个判断建立在我的一个或许多少有些一厢情愿的判断基础上。按照我的这个判断，则今日中国的大众媒体们应当知道已经颁行20多年并且最近刚刚修订的《中华人民共和国未成年人权益保护法》（以下简称《未成年人权益保护法》）中的这样一些规定：首先是该法第39条第1款，"任何组织或者个人不得披露未成年人的个人隐私"；其次是第58条，"对未成年人犯罪案件，新闻报道、影视节目、公开出版物、网络等不得披露该未成年人的姓名、住所、照片、图像以及可能推断出该未成年人的资料"。请注意，这两条规定都没有设置任何除斥条件，也就是说，不管基于何种理由，没有任何组织和个人可以披露未成年人的个人隐私。

而我之所以对如上第二点感到尤其遗憾，是因为大众媒体当然可以，甚至应当谴责社会丑恶现象，但一旦一种社会现象可能涉及公共权力的介入时，则这种谴责就必须更加节制，甚至再作相关报道时某种程度上应当刻意从根本上转变立场。以本案为例，当媒体发现李姓青年可能恶意侵犯他人的合法权益时，当然应当予以披露、批评；但是，当这种行为可能涉嫌犯罪进而引发侦查机关、检察机关的介入时，则应该适当转变立场而不应继续营造一种犯罪既定的氛围。此时，作为旁观者的（当事方是侦办机关和相关当事人）大众媒体们更应当关注的或许是这样一些问题：即便李姓青年作出了犯罪行为，此种危害行为的发生，是否与某些特定的社会环境因素紧密关联？这些因素是否又关联着相关公权机关先前或此后的渎职或不当行使？侦查机关在整个案件的侦办过程中有或可能会有哪些不妥之处？检察机关的审查起诉可能存在哪些问题？等等。然而，迄今为止，我没有看到任何这种"转向"的迹象。

当然，您可能会问，此时大众媒体为何一定要转换立场？我的回答是，大众媒体作为社会公众的喉舌，或者套用时髦话语讲作为"第四权力"，在面对公共权力时，首要的就是应保持适度的警惕和适时的监督。因此，媒体当然可以也应当谴责各种社会丑恶现象，但当且仅当这种社会现象可能引起公共权力的介入时，媒体就必须转换立场；或者，至少不为公共权力的介入营造与后者"方向"相同的氛围。

接下来我想与您分享的是我的第二点观察。

记得大概是我七八岁的时候，我们村村口办起了一个普法专栏。有一次我路过那个专栏，村里的一位叔叔指着专栏上的"贷款"问我，"周赟，听说你很'厉害'？认识这两个字吗?"我那时大概刚刚上小学二三年级，所以琢磨了半天也没认出来这两个字。这让我感觉"很没面子"，以至于自那之后只要那个专栏旁边有人，我都尝试着绕开它。不过，好在那个专栏前几乎总是没有人在——而这才是我这段话的重点。

今年春节回家，村口的那个普法专栏还在，里面也仍然依稀贴了些法律法规，并且也仍然几乎总是没有人在那边阅读、学习专栏内容。专栏的被冷遇其实不难想见：以我的观察，就算是法学院的专业法科学生，除了应对诸如司法考试等特定情形时，也很少有人经常性阅读法律、法规，尤其是除基本法以外的各种具体法规。这一现象内在地关联着如下一点，法律、法规本身是可读性相对较差的一种文字作品——至少相对文学作品以及新闻报道而言是如此；而如果读者对其中的基本原则、精神都不大了解的话，那么，那些具体的规定则几乎必定是一种更加乏味的文字作品。可以想见，绝大多数时候村口专栏里的那些法律法规对我们村村民而言应当是乏味甚至十分乏味的。而这解释了为何那专栏前几乎总是没有人，即便村里花费在这个专栏上的人力、物力、财力应当相当可观——至少以我们村的宣传板而言，长期坚持的"专栏"似乎就只有这么一个。也就是说，至少它是我们村宣传工作的"重中之重"，同时还是唯一常抓不懈的内容。

后来，我辗转南北读书、工作，出没于各种城市、乡村社区时，我也总是会留意到几乎所有社区都有类似"普法专栏"的宣传，而我总是会对之作相对特别的关注。以我的归纳，其中的内容按出现比例的高低主要有以下几种：第一，新颁行的法律、法规或地方性规章；第二，宣传画，以法制故事或典型案例为主；第三，诸如"扎实推进普法工作，提升全民法律意识"等口号。当然，必须承认，我的这种观察、归纳可能并不全面。

或许读者朋友们会认为，我的如上两点观察之间似乎并没有什么关联，但事实当然并非如此。在我看来，它们其实都紧密关联着当下中国法治进程中的一个重要举措、层面：普法。

如果以 1985 年 11 月 5 日，中共中央、国务院批转中央宣传部、司法部《关于向全体公民基本普及法律常识的五年规划》以及同年 11 月 22 日第六届全国人民代表大会第十三次会议作出《关于在公民中基本普及法律常识的决议》为起算点，我国以五年为单位的全民普法工作粗略算来已经近 30 年了。按说，全社会的法律意识应当会有很大的提升，然而，以前述大众媒体对李姓未成年人罔顾法律明文规定的、掘地三尺式的"全方位"报道来看，我们的结论似乎只能是：大众媒体或者说舆论的制造者们似乎还比较欠缺对法律的尊重或者了解；考虑到它们本应引领社会风气，换言之，它们应当处于相对"先进"的层次，因此进一步的推论是，全社会的法律意识更是有待大力提升。那么，为何国家大力推进了近 30 年，并且从我们村"普法专栏"在全村宣传工作中的高地位情况来看似乎也确实得到相当重视的普法工作，其效果却并不完美？这其实就是我与您分享如上第二点观察的原因所在：在我看来，迄今为止的普法工作尽管确实耗费不少，但由于它们更多时候并没有引起受众的注意，因而也当然不会有很好的效果。

而迄今为止的普法工作之所以事倍功半，甚至事倍功无，或许最主要的原因就在于略显简单地看待了普法工作的实质。按照我现在的看法，向民众公布法律，提供较为方便的阅读了解法律的机会并不意味着普法，普法更恰切的内涵或许是：第一，对于从传统社会转型到现代法治社会的当下中国而言，普法的首要任务大概应当是对现代法治精神的宣传，而非具体的法律规定，因为事实上不可能也不必要要求每个公民都清楚地知道每一条法律规定的具体内容；当然也因为一个良善的法律体系，如社会主义中国的法律体系，其基本原则、精神是相通的，只要全社会对此都有清楚的认知、认同进而愿于尊重、遵行，那么，从结果上来看可能远比把精力耗费在宣传具体规则上取得的效果好得多。仍以李姓青年事件为例，假设有些媒体事实上不知道《未成年人权益保护法》的具体相关规定，但如果它们知道并秉持"给予未成年人及其隐私予以特别的保护"这一几乎所有时代都坚持的法律基本原则、精神，则我们完全有理由相信它们的相关报道将很可能更为审慎，进而也更具人文关怀精神。第二，普法的首要对象除了国家机关及其工作人员外，大概还应包括并且首先应该指向大众媒体，因为正是它们才直接影响甚至可以说是塑造全社会的法律意识水平；至于普通民众，我倒觉得不必成为政府推动之普法工作的直接对象，因为我们几乎没有可能使普通民众乐于了解法律规定的具体内容，这就正如我们村村口普法专栏的遭遇所表明的——与此互为印证的另一个事实是，民众至少绝大多数民众在绝大多数时候主要是依据他们从舆论、从国家机关及其工作人员、从律师等专业群体那儿得到的法律知识，而非通过自己阅读法律条文来安排自己的法律生活。申言之，我的观点是：普法的直接对象主要应当是国家机关工作人员以及大众媒体工作人员；同时，普法应当以法律的基本精神、基本原则为主要内容。然而，我的如上观察却似乎表明，当前的普法工作似乎仍然将重心放在了具体规则、具体案例或口号上，另外，也几乎无一例外地把普通民众当作普法的最重要的直接对象。

也正是因为如上种种，我才作出这样一个判断：对于今天的中国而言，普法确实仍然任重而道远。

（本文原载《法制日报》2013 年 3 月 27 日）

为什么不设结婚冷静期

《中华人民共和国民法典》第 1077 条规定："自婚姻登记机关收到离婚登记申请之日起三十日内，任何一方不愿意离婚的，可以向婚姻登记机关撤回离婚登记申请。前款规定期限届满后三十日内，双方应当亲自到婚姻登记机关申请发给离婚证；未申请的，视为撤回离婚登记申请。"人们习惯于将这条规定称为"离婚冷静期"规则。

一般认为，离婚冷静期的设置，主要是为了缓解冲动型离婚，因为据调查，80 后、90 后夫妻"闪离"现象较为严重。但当然，缓解离婚冲动本身并非目的，其更为根本的目的应在于维护婚姻家庭，准确讲是有质量的婚姻家庭之稳定——如果这一推定是准确的，那么，逻辑上的结论似乎就是：设置结婚冷静期比离婚冷静期更为必要。这是因为，从技术上讲，两个人闹到离婚的程度，不管其间是否存在冲动、或冲动的因素占多大比例，即便勉强维持两个人之间的婚姻，其质量也很可能不高。既如此，维续这样的婚姻到底正面意义更大、还是负面效应更大呢？

有人可能说，如果二人完全、百分之百因为冲动而离婚，而他们本来可以过幸福的婚姻生活，设置离婚冷静期不就可以把这种婚姻维续下来？我本人不大相信有这种情况，因为所谓"婚姻大事"并非儿戏；即便有，那么，我相信，当事双方也完全可以通过再次结婚的方式以实现这种美好的结局；我进一步相信，通过离婚、再结婚这么一通折腾，也一定会更有利于他们珍惜相互间本应、也能幸福的婚姻——前提是，如果他们确实应该、也能够成为幸福的一对儿。也就是说，在这种情况下，离婚冷静期的设置并不会带来额外的收益，也没有减轻各方带来的负担。

退一步讲，对于那些不管因为何种原因（当然包括纯冲动），但确实想要离婚的婚姻双方而言，即便设置离婚冷静期，也只是具有形式的意义：一方面，离婚冷静期后他们必定将办理离婚手续，而这反过来也意味着在离婚冷静期内双方注定是分居的，也即婚姻自始就已经名存实亡；另一方面，如果双方期望尽早离婚，也完全可以通过因家暴（尤其是"冷暴力"或"语言暴力"）而提起离婚诉讼的方式——按规定，离婚冷静期制度不适用于此种情形——来达成目的。

相反，如果设置结婚冷静期，那么，第一，那些注定不会幸福、很难维续的夫妻关系，很可能会被过滤掉，进而也就不会产生后续因为婚姻不幸福、离婚而带来的各种问题；第二，那些注定幸福、可以长久的夫妻关系，则因为这冷静期的"考验"，会让双方更加清醒地意识到对方以及与对方携手白头的可贵之处；第三，至于那些介于两者之间的男男女女，也就是双方共同努力可以很幸福，反之则可能较为痛苦的男女关系，结婚冷静期的存在，亦不会增加多大的负担，因为对他们来说，有没有这项制度，区别本也不大。

总之，从技术—逻辑层面讲，设置结婚冷静期远比设置离婚冷静期更具合理性，也更能体现国家和社会对婚姻本身的尊重——闹到想要离婚的婚姻关系，其质量应该不会很高，因此，更能体现对婚姻本身尊重的态度其实是：设置某种机制，让这种婚姻关系自始就不应该存在，或者"不小心"成立之后也应该尽快允许其解体，进而更能促进当事双方更加珍惜婚姻关系，而这意味着尤其不应该设置离婚冷静期，因为后者会影响结束低质量婚姻的"效率"。

那么，这是否意味着设置离婚冷静期没有任何必要性、合理性基础？回答当然是否定的。离婚冷静期的合理性基础，其实本就不应在于技术或逻辑——在我看来，《民法典》第 1077 条规定之所以引发热议、争议也正因为它宣称自己的基础在于"缓解离婚率高企的倾向"，如全国人民代表大会常务委员会李钺锋委员就认为，这一规定是"为了避免当事人轻率、冲动离婚，维护家庭稳定"（《关于〈中华人民共和国民法典〉（草案）的说明》亦持此论）。我认为，离婚冷静期的合理性基础并不在于此，而在于国家和社会所期望的一种婚姻家庭价值观的引导，或者说，国家和社会所期望的一种婚姻家庭意识形态之确立。

具体来说，设置离婚冷静期制度其实就是要向全社会宣示：国家层面非常注重既成婚姻家庭的维续，也希望所有在婚各方尽最大可能地维续婚姻。换言之，离婚冷静期最核心的价值就是要引导全社会树立"婚姻更可贵、离婚需谨慎"的婚姻观念或意识形态。相反，设置结婚冷静期的做法，则可能让社会大众产生这样一种观念：结婚需谨慎；进而甚至可能认为，国家不希望大家结婚。

申言之，离婚冷静期规定，是一种典型的倡导性法律规定，从技术上讲，几乎没有什么意义：它可以很容易被规避，它也无助于实质婚姻关系或婚姻质量的改善；但即便如此，此种制度的设置，仍然值得肯定，因为它有助于一种国家和社会所期望的婚姻价值观的确立。

基于此，我建议、也希望，今后社会各界以及各类媒体在宣讲此种制度时，不宜将重心置于其技术—逻辑功能层面，而更应该据此"借题发挥"，向公众传播其背后的价值观和意识形态；与此同时，全社会确实也应在其他"基础设施"层面加强，以从技术上让此种价值观能够更好地落地，如建立健全婚姻咨询机制、婚姻危机援助机制、家事审判特别机制等。

（本文原载《福建法治报》2021 年 9 月 16 日）

重思权利话语系列

　　权利话语，这个目前在西方不断受到诸多学者（如边沁、哈耶克等）质疑的立场在中国却以一种压倒性优势迅速占据法政话语的中心。

　　我们当然无法否弃权利话语的历史合理性，但这决不意味着就应该对它采取一种不思而取的态度。笔者以为，当我们终于有机会喘口气，当我们终于开始追问"中国法学向何处去"，乃至当我们开始寻求法治发展的本土模式时，我们就必须对权利话语进行必要的重思（rethink）。

一、权利一定意味着可选择？

　　关于"权利"的一个经典定义是，"它意味着有关主体可以为一定行为或不为一定行为以及可以要求他人为或不为一定行为的资格"。持这种定义者往往强调此处所谓"可以"同时意味着"可以不"。

　　按照这种界定，则权利一定意味着可选择（放弃或行使）。然而，权利真的一定意味着可选择吗？如果仔细分析、推敲，我们就会发现，至少在如下几个语境中，权利并不一定意味着可选择。

　　首先，就某些由刑法所调整、规范的特定领域而言，权利不一定意味着可选择。举例来说，如果我们认定权利就一定意味着可选择（放弃），那么，当张三同意李四将他杀死；或者当张三要求——这意味着比同意"更进一步"——李四对其施加客观上足以达到犯罪程度的身体伤害时，那么，我们完全可以将张三对李四侵害之同意视为前者行使自己有关权利的一种方式。而一旦这样认定此种情形的法律属性，那么，有什么理由追究李四的刑事责任？然而，实践中被广为接受、认可的情形却恰恰与之相反：只要李四的有关行为被公检机关发现，他一般都不会因为张三的同意而不构成犯罪——即便有时候可能会免予刑罚。

其次，某些特定的民法权利也不一定意味着可以选择，或至少可以说某些民法权利的可选择属性是相当模糊的。其中，最为典型的当属这样一种权利：无或限制行为能力人的受监护权。对于这种权利，由于它的主体往往不能通过自己，而只能通过其监护人来实现有关权益；并且，受监护权本身又是一种不可代替的人身权益；更重要的也许是，如果一旦允许监护人可以代替受监护人作出选择，那么，其往往有可能成为监护人滥用或怠于行使这种代理权的借口从而损害受监护人的利益——当然也就意味着否弃了设定权利本身的初衷。因此，受监护权就成了一种权利主体本身不可能选择（他或她没有这个法律上的能力）而其监护人又无法代替其选择（监护人没有这个资格）的一种权利。英国人权学者米尔恩（A. Milne）称此种权利为"无可选择的权利"，他说，"它们是这样一些接受权，即权利人有资格接受某物，但无资格拒绝某物"，这种权利与义务的区别在于，"无可选择的权利在本质上具有被动性，权利人并未被要求去（积极地）做什么，他纯属某种待遇的受益者，而别人则负有给予他此种待遇的义务"。此种权利的典型例子是儿童的受照护权。当然，如果作更进一步的分析就会发现，其实不仅仅是米尔恩所谓之"被动"权利具有"无可选择性"，还有大量的其他的权利也具有不可选择性，举例来说社会主义国家公民的劳动权、现代民主－法治国家公民的选举权、监督权等所有主要涉及公益的私权利，其实都不应当具有"可以不"的属性，因为相关的权利严格说来有关主体并不应当怠于履行，否则他（或她）就很难说是一个适格的相关主体：一个怠于行使劳动权的人必定不是社会主义国家的合格公民；一个怠于行使选举权的人也必定不是民主－法治国家的合格公民；一个怠于行使法律赋予之监督权的人也很难说是一个合格的公民。

另外，除了上述刑法、民法领域内的部分权利外，那些同时具有权利面向和义务属性的"权利"（当然也可称为"义务"）似乎也很难说意味着可选择——既然其同时意味着义务，当然就很难说是可选择的。举例来说，在社会主义中国作为宪法权利的劳动权就很难说具有可放弃（选择）的属性：作为一个社会主义国家的公民，劳动固然是人的权利，但它同时却也是一种宪法义务。这种具有两面性的权利，典型的还有未成年人的受教育权、父母（或其他人）的监护权，等等。

如上，我们通过列举的方式揭示、同时也证明了在许多法律领域中权利并不意味着可选择这样一个命题。接下来的问题是：在一个法律权利体系中，为什么会存在这样一种权利？并且，如何判定一个权利是否具有可选择的面向？

在回答如上问题前，让我们先明确实践中的法律权利所必定具有的"公"属性。笔者以为，任何权利（包括所谓的公权利和私权利）都不是全然"私"的，也就是说，任何权利都必定具有一个"公"的面向：它总是源于公共生活的需要——没有公共交往，根本就没有必要为个人设定权利；它的实现总是需要公共合作——没有任何合作可能的地方肯定无所谓权利；它总是需要公权机关的保护——没有公权力作为最后的保障，任何权利都可能仅仅是一张没有意义的空头支票；进而言之，它也总是涉及社会公共秩序以及社会中的公共道德意识——一个行为侵犯了私人的法律权利，就一定意味着对社会利益、公利益某种程度的侵犯。如果我们承认"任何权利都具有公属性"这个论断是成立的话，那么，离如上问题的解决也就不远了：即，之所以有些权利不具有可选择性，是因为它的公属性过于明显，以至于"压倒"了它的私属性。换言之，对某些权利而言，它是否能够得到实现可能不仅仅涉及权利主体自身的利益，它同时——有时是主要的——还涉及公共利益（如儿童的受监护权就涉及一个社会或一个国家能否健康持续发展这一关键）。

也只有在这个意义上，我们才能真正深刻地体悟当年耶林（F. Jehring）的那个著名论断：维护个人的法律权利其实也就是在维护法律的权威以及集体生活的基本秩序，因此，"为权利而斗争"是一个公民应尽的义务。

另外，我们也可以从如下一个角度来考虑这个问题：任何权利其实在这个相对匮乏的世界都必定相互冲突，这就正如哈特所曾断言的，"几乎不存在有利于或促进所有人福利的社会变迁或法律，唯有规定最基本需要的法律，诸如警察保护或道路，接近这一点。在大多数情况下，法律为一个居民阶层提供了利益，却剥夺了其他居民选择的利益"，因此，如果一种权利的设定或被承认往往是以对他人权益的重打限定乃至剥夺为要件（这也正是之所以可以恰切地把近代以来民主立法视为"博弈"的核心要素），那么，一旦此种权利被设定出来而相应主体又怠于行使的话，则无疑对那些被限制或被剥夺者而言造成了双重的不公平，而此种"被动"权利往往具有这一属性。换言之，对于此种权利而言，即便相应主体具有可选择性，也必定需要受到较大的约束。

二、权利推定的语境

在我们的权利话语中，"权利推定"似已成为一个定论，其意指"凡法律没有明文禁止的即为权利"；并且，在谈论"权利推定"时人们也往往把它当作一个抽象性原则来对待——此处所谓"抽象"，即基本不讲其适用语境之谓也。

从政治文明或法治文明启蒙的角度讲，这个说法是有道理的，也是有必要的——尤其在我们这样一个没有权利（意识）传统的国度。但是，若从理论思辨的角度对之进行严格推敲，就会发现如果抽象地谈"权利推定"，则必然的后果就是它被自己所颠覆。

设想一下，如果权利真的一定总是可以推定的，那么，当你作出一件法律没有禁止的事情——按照权利推定理论，此时应当是你在行使权利——时，是否往往意味着你就陷入了一种侵犯他人权利的可能性之中，进而可能导致相应的法律制裁、禁止？举例而言，法律没有禁止你乞讨，因此，你可以有所谓"乞讨权"；但是，一个市民可能同样会说，法律也没有禁止他的"视野干净权"或者"心情舒畅权"或者其他"XX权"，因此，他就可以以你在乞讨过程中侵犯了他的相关权利而起诉你。或者说，他至少可以以"反乞讨权"这一同样没有为法律所禁止、事实上也不可能为法律所禁止的"权利"来限制你的"乞讨权"。当然，你还可以"反反乞讨权"，而他也可以"反反反乞讨权"来再一次地限制你，如此循环，结论必定是面对同样是私权主体的相对方时，辄言权利推定可能很容易陷入如上恶性循环。

　　另外，从逻辑上讲，抽象地谈权利推定往往也有可能出现如下这个悖论：承认"权利推定"实际上也就等于承认了"义务推定"，因为法律没有禁止你当然也就意味着没有禁止他人，换言之，法律没有禁止的领域不仅仅是你的同样也是他人权利的"势力范围"，而他人的权利往往就意味着你的义务，正如你的权利往往也意味着他人的义务。这意味着，承认"权利推定"也即承认"义务推定"，而这实际上就是说权利是不可推定的。或者至少可以说"权利推定"是一个自相矛盾的说法。

　　以实践经验言，也许正是因为我们这些年过多地在抽象层面谈所谓的"权利推定"，于是就导致了大量这样的问题：一个顾客因为喝汤被烫伤了嘴唇居然告人家侵害了他的"接吻权"——还好他没有告人家侵犯了他父母的权利，因为身体发肤受之父母；一个死囚犯向有关组织申诉，监狱侵犯了他的"繁衍后代权"——还好他没有代表整个社会申诉监狱侵犯了社会有可能因他的劳动而受益的"受益权"：从理论上讲，任何一个人的存在都有可能导致整个社会受益；一个俱乐部会员因为他穿背心被罚款而另一位女士穿背心没被罚款就状告俱乐部侵犯了他的"着装平等权"——还好他没有代表整个男性告俱乐部"性别歧视"：在这个追求女男平等的年代，这可是很多男性的感觉……若根据抽象层面的"权利推定"来处理如上这些问题，那么，很显然这诸多原告的各种各样、五花八门的"权利"就当然是要保障的。不过，话又说回来，到时人家被告找出个什么什么权利（如"心情舒畅权"）来反诉这些原告也是挺有可能的。可想而知，大谈"权利推定"的人也一定不期望这种不可收拾之局面的出现。

那么，是不是说"权利推定"本身不能成立？非也！个人以为，这主要是因为那些抽象地谈论"权利推定"的论者没有关注它赖以存留的语境——作为一种更为抽象的法律规范，权利推定原则亦肯定具有一般规范所具有的"有条件性"属性。那么，何谓规范的有条件性？记得黑格尔（F. Hegel）在论及"苏格拉底讽刺"时曾提到，"苏格拉底指出一些普遍的诫命：'你不可以杀戮'等；这种普遍性是与一种特殊的内容结合在一起的，而这个内容是有条件的。当内容中的这个有条件的东西被提到意识里面时，这些诫命凭借普遍性而具有的固定性就动摇了。在法律或诫命里面，固定性是要依靠环境的，法律和诫命是以环境、意见为条件的；就是这个识见，他发现了这样一些条件、环境，由于这些条件，便产生出了这个无条件有效的法律的种种例外"。从黑格尔的这段话我们可以归纳出这么一个论断：任何规范的有效性都必须仰赖一定的环境，都只能体现于一定的语境。如"你不可以杀戮"这一规范的有效性可能就只能针对除法定行刑人员执行死刑时以外的语境。而规范生效必须依赖一定之语境、环境的属性即它的"有条件性"。相对应地，权利推定原则亦肯定有它特定的语境，而一定不是完全普适或抽象的。那么，它所适用的语境是什么呢？

我们也可以这样来问如上这个问题：权利推定要解决的是什么问题？是通过推定权利来对抗他人的私权利，还是通过推定权利来对抗政府的公权力？回答显然应是后者。换言之，我们讲权利推定，始终有这样一个语境：面对公权力的行使，特别是越界行使时。除此之外，如果权利主体面对的是另外的私权主体，那么，权利推定原则则应该让位于"伤害原则",即权利的范围最大只能及于他人的合法合理的权利。举例来说,你当然可以在家听音乐,换言之,你当然有欣赏音乐的权利,但如果你在行使这项权利时伤害到了他人的休息权,则你就应当自觉地限制自己。

其实,从根本上讲,由于权利是一个关系性概念,因此它只能、也只有在某种关系中被谈论时才有实际的意义,仅从这个角度讲,抽象地谈论权利、权利推定问题其实就注定是没有意义的;同样地,由于权利是一个关系性概念,更由于这个世界恒定的是一个相对匮乏的世界,因此,如果在私权领域谈什么权利推定,其实也就一定意味着限制、剥夺相对方的权利或强加给相对方某种义务。

三、所谓动物权利

2009 年 9 月,曾为人们广泛关注的我国首部《中华人民共和国动物保护法(专家建议稿)》(以下简称《动物保护法(专家建议稿)》)正式向社会公布。于是乎,动物权利问题又再次进入大众的视野。

关于动物权利及其保护的必要性,从逻辑上讲,似乎有如下三种论证思路:第一,保护动物是为了更好地保护环境以及物种多样性,进而更好地保护人类;第二,保护动物是人的恻隐之心的必然要求,并且它也有利于提升人类社会的道德水准;第三,保护动物就是为了保护动物本身,因为动物与人类一样,都为天地所化育因而也有同样的生存、发展之权利。

看上去,如上第一种思路似乎是最难成立的,因为这种思路骨子里的逻辑是：动物权利不过是保护人类的一种工具或途径而已，果真如此，则所谓"动物权利"就是一个自相矛盾的概念，因为权利的基本属性正在于它的目的性或者说非单纯工具性。相对应地，如上第三种思路则似乎是最应当被倡扬的，但实际上一旦将这种思路落实到实践中就立马会遇到这样的问题：首先，既然动物按其本性有其生存、发展的权利，那么，人类是否不应该或者说没有权利做任何干涉动物自然存续的事情？答案显然是否定的，这是因为在大自然前面，人类历来就与其他动物构成了一种竞争的关系，而竞争就一定意味着一方对另一方的压制，乃至剥夺；换句话说，竞争、压制、限制、剥夺本就是一项根本的自然法则。因此，问题就变成了人类应当如何在干涉动物的自在状态时又尊重动物、保护动物？有一种听起来很美的说法，即人类应当按照动物的本性那样来对待动物。以《动物保护法（专家建议稿）》为例，其中就提到了这样一条，"不能让动物做一些它不能做到或者伤害动物的事情，如让狮子跳进火堆、钻火圈……"我之所以说这种思路听上去很美，是因为所谓"动物的本性"不是一个可以自动显现的东西，它必得仰赖人的"认定"，因此，所谓按照动物本性来对待动物，其实说白了也就是按照人类所认为的动物之本性对待动物；也因此，这第三种思路一旦落实起来，最终仍然不免掉入到"人类中心主义"的泥淖之中。

接下来，让我们看看如上第二种思路又如何。显然，它也是有问题的，因为第一，如果仅仅将动物权利诉诸不说虚无缥缈，至少也是不甚牢靠的人类恻隐之心，则无疑等于说动物权利没有其存在的坚实基础；第二，如果以一种较劲儿的态度看待此种观念，我们完全有理由问这样一个问题：有什么足够的证据可以表明，动物权利的保护有利于提升人类的道德水准？我们甚至可以进一步问得更赤裸一点：动物权利主义者的道德水准就一定高于那些非动物权利主义者？第三，也许也是更根本的是，这第二种思路其实仍然是一种人类中心主义的，因为它根本上仍然把动物权利看作一种工具。

申言之，无论人们的出发点是什么，一旦开始尝试着将某种动物权利观念落到实处，就将不可避免地把动物对象化、客体化，进而也从根本上违背权利的非单纯工具性属性。仅此而言，我们也完全有理由怀疑，所谓"动物权利"的说法尽管有一定的道德吸引力，却很可能是一个不严谨的说辞。

当然，我之所以认定"动物权利"的说法不严谨，还在于谈动物权利不可避免并且似乎根本无法解决的另一个问题是：如果动物真的有权利，那么，它的义务是什么？我们显然无法给动物设定什么义务，尤其是无法在尊重动物意愿——如果说权利的赋予可以不尊重相关主体意愿的话，那么义务的设定就显然应当尊重主体意愿——的前提下为其设定某些义务。正如康德曾明确指出的，不可能也不应该存在一种只享有权利而不承担义务的主体，因此，先不说承认动物权利必将导致强加一些义务给人类，就算人们不在乎这种义务，我们也还是可以问：难道动物就是那种例外的可以不承担任何义务的权利主体？这显然既不是事实，在逻辑上也有无法解决的矛盾。

那么，是不是本人不赞成对动物的保护？或者说，本人是一个反动物保护主义者？其实当然不是，本人所意欲表达的基本立场是：第一，是否要保护动物与是否一定要"赋予"动物以法定的权利其实并没有必然的关系。我们没有赋予自然环境本身以某种权利，但有谁会反对保护环境？或者说，因此就有什么逻辑上的理由导致对环境保护的懈怠？第二，如果有人（如动物保护主义者）出自内心地想要保护动物，那么，除非他能有确切地把握认定动物的本性，否则，轻易地将某种结论以法律的形式规定下来，将很可能导致对动物本身的莫大伤害。以前文提及的条文为例，如果狮子钻完火圈可以获得足够多的食物并且也不会带来对它的伤害，你怎么知道狮子不喜欢？或者说，那不是狮子的本性？如果你不肯定，那么，一旦你限制了此种做法，是否可能导致对狮子的伤害（如丧失了享受钻火圈的乐趣，又如丧失了一次次的进餐机会）？与前两个方面紧密关联。第三，如果我们确实想要引起更多人对动物保护话题的关注，更为可取的方式也许恰恰是抛却某些虚伪的高调，而明确地承认动物保护的基点就在于保护人类自己，一如环境保护是为了保护人类自己一样。事实上，这也与人类社会的如下基本经验相吻合：人从本质上具有自私心，因此，最能引起他关注的一定是那些与其利益相关联的东西。

结语

应当说，存在于当下中国权利话语中的如上问题或现象，并不是我们没有能力去重思、追问，更大地可能是因为我们主动放弃了——因为近30年来我们太习惯于"与国际接轨"，而不习惯于对这个所谓的"国际"做出自己独特的贡献。

两千多年前，曾子说，"吾日三省吾身"；一百多年前，密尔

(J. S. Mill）曾感慨，"人类一见事物不复有疑就放弃思考，这个致命的倾向是他们所犯错误半数的原因"。

看来，先贤的话并没有随时间的流逝而过时。

（本文第一、第三部分分别发表于《检察日报》
2012年6月7日、7月5日）

道德面前，法律该当何为

  ● *作者按* *最近关于见死不救立法的问题因了种种社会现象又有人提了出来。这不是新问题，这一问题当年在英美国家实际上已经讨论得足够成熟了——简单地说，当时的结论是：公德，也即社会底线道德法律当管，否则就该留待私人做主。这一结论是有启发意义的，但又还需加强，遂有了此文。*

大概 2001 年前后，曾有约 30 名全国人民代表大会代表提议设定"见死不救"罪，不知是否为了应验当年这个提案之必要性，抑或是为了进一步推动类似议案的入法，近些年来，诸如"彭宇案"（好心救人但被诬为加害者）、"小悦悦"案（被害后路人集体冷漠）等现象真可谓屡见不鲜。

老实说，稍有良知的人大概都会对"彭宇案"中的"老太太"或"小悦悦案"中的"路人"感到愤慨甚至恶心；进而可能也多少会为当下社会的道德滑坡感到忧虑、痛心。从这个角度说，人们去关注、热议相关现象一定就是一件值得欣慰的事儿；同样从这个角度说，人们从各个层面提出应对之策的尝试本身也一定是一种值得肯定的事儿。然而，这种尝试本身值得肯定，未必意味着其中的某种或某些具体尝试就一定值得肯定。譬如说如下这种尝试很可能就不怎么可取：似乎有越来越多的人开始重新提出当年的"见死不救"立法动议。

按照那 30 名人大代表的看法，以及按照当下舆论中的很多论说，似乎法律应当迅速介入相关问题，并通过立法—执法—司法"一条龙服务"尽可能快地扭转相关局面。这种主张吸引人的地方就在于，它站在道德的制高点，因此，反对它就很有可能落下个"不想让社会变好"或"不想阻止社会道德滑坡"乃至"冷漠""自私"等诸如此类的恶名。

记得黄仁宇在研究中国历史后指出，传统中国文化有一种很独特的现象，即凡事首先问的是道德上的好或坏，而不问方法上是否可行；久而久之，竟演变成了凡事只问道德上的好或坏，而压根不问方法上是否可行。举例说来，"失德事小，饿死事大""毫不利己，一心利人"就是典型的相关口号，而某些奇葩老年人不分青红皂白地辱骂甚至殴打不给让座的年轻朋友则是典型的相应做法：在这些口号或做法中，言说者就基本只考虑道德的制高点，而对于逻辑上或方法上是否可能的问题就基本没有考虑。

很大程度上我们也可以说，"见死不救"的法律规制问题同样具有如上属性。首先，大概没有谁会否认见死不救在道德上的可恶及可恨之处，然而，是否因为它的道德上之不可取，就可以必然得出这样的结论：在一个法治或讲求法治的社会，法律当然就要伸手管一管此类问题？我相信，如果法律真的可以，也即有办法管好此类事情，大概也没有人会反对如上结论；但问题的关键恰恰在于：如果法律要管，它该怎样管？具体讲，如果要创制相关的法律，那么，应当如何设定规范？以及进一步讲，应当如何实施这些规范？我同样相信，一俟我们进入到该如何从法律角度规制这些现象的层面上，就会发现，所谓"见死不救"——以及其他相类似的道德问题——立法规制就不过是又一种"道德上正确但方法上不可行"之吁求。

我之所以如此断然地得出这个结论，主要是因为如下两个方面的考量：首先，法律没有办法让每个人变"好"，它唯一可能——并且仅仅是"可能"——做成的事情是防止人们"坏透"，也即"坏"到社会秩序的维续都不可能之程度。以"小悦悦"案中的见死不救现象为例，如果法律真的规定凡见死不救者当挨罚，譬如拘役30天。此种规定固然可能一定程度上从客观上遏制诸如集体冷漠等现象，但另一方面也许这种遏制需要整个社会付出惊人的成本：那18位路人（按热心朋友的统计，当时前后共有18个路人路过事发现场而没有施之以援手）适用该条文固可能没什么问题，但附近建筑中的居民要不要适用该条文？以及，从更远的地方经过的人要不要承担相关责任？可以想见，一旦见死不救入法，类似此种问题必将无穷无尽。这种无穷尽既可能造成公权资源的严重耗费；更重要的也许在于，它为公权的滥用提供了极大的可能。

当然，最重要的也许是，另一方面，就算路人因了这种法律规定而客观上不再"见死不救"，又能因此得出"社会道德水准提高了"或"社会道德水准不再滑坡了"吗？换言之，能达到相应立法本来的道德目标吗？我想，答案应当是相对清楚的。其实，关于法律面对道德问题时的"无能为力"，早在我们古人那儿就已经得到了雄辩的论说；尤其值得注意的是，恰恰是在这个问题上，无论是提倡"德治"的儒家还是反对德治、提倡"法治"的法家双方都得出了几乎完全一致的结论：如商鞅就明确指出，"仁者能仁于人，而不能使人仁；义者能爱于人，而不能使人相爱。是以知仁义之不足以治天下也"（《商君书·画策篇》）；汉时桓宽在《盐铁论·申韩》中也断言，"法能刑人而不能使人廉，能杀人而不能使人仁"；至于儒家，则更是从来都反对以"法""刑""政"之类的强力手段来治理国家，因为这些手段所能达致的最佳局面也不过是"民免而无耻"而不可能是"有耻且格"（《论语·为政》）的良善状态。申言之，我之所以认定用法律来"拯救"社会道德滑坡乃至道德本身，首要的原因在于即便在一个法律至上的法治社会，其中的法律也事实上没有能力做到这一点。

当然，我之所以反对以法律的手段来干预"见死不救"等道德现象，更深层次的原因在于，其次，在这个韦伯所言之"诸神与诸魔"的现代性社会，法律本来也不应该被轻易用来推广一种或一些道德。何谓"诸神与诸魔"？这关联着对启蒙运动的认识。所谓启蒙，简言之，即用自己的理性来面对、把握、判断并解决问题，并学会不再迷信任何某种先在且统一的权威。也正因为启蒙运动将万物的判准交由人的理性，因而人们常说启蒙运动"唤醒了人"而贬斥了各种迷信中的"神"。然而，通过启蒙运动，"人"固然从"神"那里解放出来了，却也带来了这样一种副产品：既然每个人都以自己的理性作为万物判准，那么，在很多问题也许尤其是价值道德问题上，就注定会出现一种多元化的追求。这样一来，你认为好的东西，可能恰恰是别人认为坏的东西。申言之，你的"神"可能恰恰是别人的"魔"；相对应地，别人的"神"也正可能就是你的"魔"。应该说，韦伯的这个判断确实深刻地道出了现代性社会的根本困境：因了每一个人主体性的唤醒，现代性社会已经丧失了统一的价值判准。不难想见，在这样的社会中，某一部分人，即便是一个社会的最大多数人所认定的某种道德或价值标准，从根本上讲也未必一定比另一部分人，有时候哪怕是少数人的相关道德或价值标准更为可取。在这样的前提下，考虑到国家法毕竟是一种社会公器，因而当然不应或至少不应轻易被用来推广哪一种或者哪一些道德。

也许有人会说，就算某些地方性或集团性较强的道德确实没有资格获得法律这一公器的推广，但至少"见死当救"这样的普适性道德可以用法律来推广。关于这种可能的诘问，我们可以预先作这样的回应：首先，严格说来，我并不决然地反对法律推广任何一种道德，毋宁说，我反对的仅仅是用法律来推广私德，也即部分（哪怕是大部分）私人所认定的道德，而并不反对运用法律来推广公德，也即维护一个社会基本秩序所必需的底线、普适道德。这不仅仅因为从逻辑上讲任何一个社会都一定是个道德共同体因而一定需要某些基本的道德得到有力的维续，也因为任何法律事实上也总是如此。这也就是说，如果某种道德是社会公德，那么它就可能可以获得法律的支持。在这里，之所以仅仅是"可能"，是因为此种社会公德还必须符合前文第一个原因中所谈及的另一个条件，即，这种道德可能被法律所推广。因此，就"见死当救"问题来说，尽管它可能是社会公德，但由于法律事实上的无能为力，因而我们当然也就无法苛求什么。

总之，在现代社会中，只有当一个道德问题同时符合如下两个条件时，法律才应当介入，否则，法律就不应介入，这两个条件是：第一，此种社会道德是或至少涉及社会公德；第二，法律正好具有针对它所带来的问题之调整方法。

（本文原载《检察日报》2011 年 11 月 17 日）

提高性同意年龄是懒人思维

在我的搜索、阅读范围内，尚未发现任何一篇关于为何应当提升刑法领域性同意年龄的严肃文章（包括理论或调研文章），我看到的更多的是拿某些个案（如鲍某某案）或移花接木的数据来说事儿，准确讲是来表达一些情绪。所以，从逻辑上来讲，其实本可不必严肃对待"提高性同意年龄"的观点，因为它迄今从未被证立过。

但我还是要表达自己对这件事的反对。我之所以反对提高刑法领域内的性同意年龄，主要理由包括：

一方面，提高性同意年龄，是典型的以保护为名剥夺或限制公民自由。可以说，只要没有充分、扎实的实证数据以及科学研究可以表明，14~18 周岁的女性不应该、不能够享有性自由的权利，那么，任何宣称将性同意年龄提高以保护女性的做法，都是典型的"慷他人之慨"，其逻辑实质上与如下做法并无不同：仅仅因为我担心你的能力和心智可能，请注意仅仅是"可能"不足以应付现实生活中的风险，所以，为了保护你，决定把你关进监狱。

我预见到可能会有人误以为我反对给予 14~18 周岁女性以特别的保护，所以，此处必须立即提及另一方面的反对理由：为了更好地保护 14~18 周岁女性，其实更应该做的是其他工作，而非动辄诉诸刑法。譬如，完善我们的性教育工作——事实上，包括全国人大代表朱列玉先生在内的很多呼吁提高性同意年龄的人士，都敏锐地意识到当下中国的未成年人性权益保护之所以问题较多，首要原因就在于"未成年人性教育缺失（或不健全）"；又如，完善未成年人权益保护的社会化机制，其中，或许尤其应尽早建立健全"吹哨人"制度——这个制度的核心是，对 18 周岁以下公民的伤害事件，任何人都有权利并有义务举报；再如，完善并严格落实诸如学校、医院、救济、监护等领域的监督制度，让其中处于相对强势的一方，没有机会或少有机会侵犯女性权益；等等。

关于刑法，卢梭有一个著名的判断，"刑法是关于法律的法律"。这句话的意思是，只有当其他法律机制没有办法应对、处理一件事儿时，刑法才应该介入。这话在此处可以解读为：如果我们能够将未成年女性权益保护的其他方面做好，或许根本就没刑法什么事儿了。有人可能会说，当下的问题恰恰就是因为其他领域很难短时间做好，所以，才诉诸刑法的改革。我只能说，这个思路很奇怪：连基本功都做不好，诉诸最严厉的刑法，真的好吗？这是典型的不负责任的懒人思维。这就正如你希望你家小朋友好好学习，但你却连基本的教材都不给他买，也不允许他上学校，还不告诉他如何学习的基本方法……就直接设定他成绩不好时的种种严厉处罚措施。你倒是省事儿了，但你觉得他的学习可能会好吗？

再一方面，从制度哲学角度看，任何制度的变迁，都会带来很多后续的成本，因此，除非我们可以证明，改变一个制度可以比保持原样带来明显更高的收益，否则，就不宜轻易改革，哪怕这个制度可能受到了很多且很激烈、很有道理的批评。这一方面最典型的例子，是美国的枪支管理制度：我们知道，几乎每次枪击事件后，都会在全美引发一波对现行枪支管理制度的批评和谴责，并且其中有很多实际上非常有道理。但为何美国的枪支管理制度却一直没改？这里头当然有很多原因，但非常重要的一点就在于：美国社会并不确信，改成怎样的枪支管理制度，才会真的比现在的效果更好。

回到提高性同意年龄问题：我们能够证明改变它会带来明显比现在更好的效果吗？我很怀疑，至少，我没有看到任何相关的严肃的研究结论。相反，我倒是可以很容易地列举做这种改革的一系列负面后果。举个例子，如果真把性同意年龄提高到 16 周岁（这是很多提高论者能接受的数字），那么，除非我们可以证明，性是人类事务中最复杂的问题，以至于一个人在其他领域只要 14 周岁（现在的刑事责任起点年龄）就可以至少部分地作主，但偏偏并恰恰在性领域需 16 周岁才可以。我们能证明吗？估计很难。如果不能证明，那么，将性同意年龄提高到 16 周岁，是否意味着必须同时将公民的刑事责任能力也相应提高到 16 周岁？试问，相关后果，我们决定好了去承受吗？又，我们能承受得起吗？

所以，我的结论是：首先，当然应给予未成年女性的性问题更多的关注和保护——准确讲，应当是给予所有未成年人更多的相应保护，因为显然，男孩的性权利也同样重要；其次，我不认为应从刑法角度来体现这种关注和保护——我一直认为，动辄诉诸刑法手段，既是懒人思维作怪，也注定效果不会好。

换言之，我认为，为了保护未成年人的性权利，提高性同意年龄既不是唯一途径，甚至也不是什么好途径。因此，我反对提高性同意年龄——我尤其反对，在没有作出充分的科学论证之前，仓促这样做。

（本文原载《南风窗》2020 年第 14 期）

转型社会中的刑法更应谦抑

近些年来，随着新闻媒体对"虐童案""欠薪案""酒驾案""四超（驾车严重超速、超载、超限、超员）案"等案件的频频报道——或许尤其是因了当前电子媒体的发达，相关案件的详细细节在经过有意无意地曝光之后，越来越多的人似乎趋向于认定：第一，这些案子以及进一步地这一类案子所造成的后果非常严重，影响也非常恶劣；进而言之，第二，为了应对相关案件当前似乎爆发频度越来越大的局面，有必要予以重罚，也就是将相关行为纳入刑法规制的范畴。简言之，现在似乎有越来越多的人认为，应当将"虐童"、"欠薪"、"酒驾"（这已经部分地是事实，即"醉驾入刑"）、"四超"或其他任何一种引起舆论广泛谴责的行为入罪。

必须承认，作为一名幼儿的父亲，我对虐童行为的深恶痛绝、强烈愤慨的程度至少不会比绝大部分人低；同样地，作为一名出身农村的异地工作者，我也肯定属于最能体会被欠薪民工的那种失望乃至绝望的人中的一员；作为一名有几年驾龄的司机，我也颇能了解酒驾、"四超"等行为对公共安全所可能造成的巨大伤害……换言之，我并不否认被舆论热议的这些行为所具有之危害性以及当谴责性，但我还是要说：此类行为不应甚至也不必动辄纳入刑法调整范畴。具体理由如下：

首先，刑罚是一国公权体系中最为严苛的处罚措施，这意味着任何一次刑罚的实施，都可能对当事人造成巨大的伤害。同时，当然也就意味着在每一次刑罚施加之前都必须审慎地考虑这样一个问题：以此种刑罚处罚行为人的相关行为对行为人而言是否公平？另外，由于刑罚也可以说是唯一一种把累犯作为法定从重处理由的处罚措施，并且往往会带来此后就业等许多方面的诸多限制，这意味着每一次刑罚的施加对当事人而言几乎都是"一辈子的耻辱"。仅此而言，刑法就内在地需要保持足够的谦抑、克制，而不宜四处出击地介入社会生活。

其次，当下中国正处于社会转型期，社会学的研究已经表明，所谓"转型"意味着旧的社会规范体系慢慢崩塌而新的社会规范体系尚未完全建成，因此，在这样的社会中，有些问题可能会频繁且严重地爆发——加之现代媒介的发达以及新闻的噱头化倾向，这些问题很容易给人一种已经"无法承受"之感（而事实却未必真是这样）。可能也正因如此，人们才期望对相关问题作"重典"式治理。可以肯定，如果将相关行为纳入刑法的调整范畴，那么至少在短期内确实可以起到迅速规范相关领域的效果——这可以从醉驾入刑之后醉驾案大大减少这一现象得到明证。但问题的关键是，在一个转型社会中，如何应对一个或一些具体问题其实不仅仅涉及对相关具体问题的处置，更重要的或许在于：它还将引领该转型社会的社会控制机制之走向。可以肯定，一个开放的、现代化的社会，其社会控制机制应当主要具有回应型而非压制型意味，因为唯有后者才能保持一个社会更大的活力，也才符合人类社会从必然王国走向自由王国的大趋势①。换言之，如果今天我们面对虐童、酒驾或其他行为，为了短期的"速效"而动辄以刑法规制，那么，转型后的社会控制机制将必定更多地带有压制性色彩。我相信，这显然不是我们想要的；也不应该是我们国家、社会追求的目标。

再次，如果继续追问，我们还可以问这样一个问题：诸如虐童、欠薪、醉驾、"四超"等问题或现象，用刑法予以规制就一定会取得更好的效果吗？以虐童为例，假如它真的被纳入刑法范畴，那么，由于刑事案件的证明标准明显更为严苛，因而后果可能反而是：一个虐童者由于刑事证明上的困难而被法院免责②。

最后，单纯从立法技术角度讲，将特定行为入刑可能也是不必要的甚至可能会导致整个刑法体系逻辑一致性的降低。同样以虐童为例，如果专门设置一个"虐童罪"，那么，定罪的标准是什么？以及，当相关行为可能转化为故意伤害甚至故意杀人时，应当如何认定？也就是说，"虐童罪"的增设可能会紊乱当前刑法中关于故意伤害、故意杀人或一般虐待之间的界限。这意味着如果我们新增设"虐童罪"，则很可能会带来立法以及法律实施过程中不必要的

① "回应型"和"压制型"社会控制机制，是法社会学中的一对经典范畴。大致上可以说，前者是指那种更加尊重社会本身自我调节以及相应主体自我控制，因而也更少使用强制而更多使用正面激励、引导的社会控制机制；后者则指那种更多使用强制并且更多使用负面激励、制裁的社会控制机制。从整体倾向上来看，一个越是文明的社会，其控制机制的回应型意味越浓，而压制型意味越弱。

② 应该说，这种"好心办坏事儿"的现象，在我国立法史上并不罕见。譬如同样是为了儿童权益保护，我国《刑法》曾特设"嫖宿幼女罪"（发生在成年人之间的嫖娼行为不属于犯罪）以更好地保护幼女，因为这样就可以让嫖宿者们主动远离幼女从而间接降低幼女卖淫的可能。然而，这个罪名在实践中却成了很多人逃脱以未成年女性为受害人的强奸罪之"有效途径"——我们知道，后来这一罪名最终被删除：2015年8月29日第十二届全国人大常委会第十六次会议表决通过了《中华人民共和国刑法修正案（九）》，删除嫖宿幼女罪的规定。

混乱。而事实上，按照我们现有的法律体系，对虐童行为的应对、处置措施其实本就已经较为全面了：当虐童行为情节不甚恶劣时，幼儿园以及教育行政部门的内部处罚措施可予以调整；当虐童行为情节比较严重时，则可以由公安机关进行行政治安处罚；当虐童行为造成严重伤害时，直接故意伤害罪论处、故意杀人罪论处就行了。换言之，我之所以反对虐童入罪，并不意味着我认为可以放任这种恶行，而仅仅是说其实既有的立法体系已经可以很好地、按相关后果的不同作出相对应等级的处置。既如此，有何必要专门发明出"虐童罪"或其他什么罪？同样地，诸如醉驾、"四超"、欠薪或其他什么被舆论期望入刑的行为几乎都可以作如是观。

与此相关联，到现在为止，我也不认为当下中国的"虐童""醉驾"或其他什么行为到了一种普遍化的程度，以至于有必要针对这些问题或现象进行专门立法，尤其是刑事立法。人们之所以感觉到今天似乎社会乱象频发，或许——正如前述——最主要的原因是当下媒体的发达以及新闻报道的噱头化，而并非它们真的严重、频繁到了某种程度。而如果我的这个认知或判断是可靠的，那么，考虑到立法总是针对一般性的、普适性的问题，则似乎也没有充分的理由对当前舆论中呼吁入刑的各种行为进行专门的立法。

当我们呼吁将某种行为纳入刑法调整范畴时应该更为审慎地考虑、考察如下几个方面：如果把它入刑，一定会取得更好的效果吗？如果把它入刑，是否对相关行为人不公平？如果把它入刑，是否会造成立法体系的混乱以及法律实施的困难？是否与当前的法治精神相悖？如果把它入刑，是否有利于当下中国在社会转型过程中保持一种健康、积极的法律文化发展方向？

（本文原载《法制日报》2013 年 2 月 27 日）

醉驾入刑否议

　　大概从 2010 年开始，随着公安系统对酒后驾车问题的集中整治，舆论界开始呼吁加强对酒后驾车的处罚力度问题。

　　2011 年 2 月 25 日，全国人大常委会通过了《中华人民共和国刑法修正案（八）》（以下简称《刑法修正案（八）》），其中的第 22 条作了这样的规定，"在刑法第一百三十三条后增加一条，作为第一百三十三条之一：在道路上驾驶机动车追逐竞驶，情节恶劣的，或者在道路上醉酒驾驶机动车的，处拘役，并处罚金"；"有前款行为，同时构成其他犯罪的，依照处罚较重的规定定罪处罚"。此后，人们将这一修正案概称为"醉驾入刑"。

　　酒驾入刑以及相应的舆论氛围迅即发挥了显著降低交通事故的作用，这可以从各种媒体的相关报道中看到；并且，这一做法应该说也确实得到了大部分民众的认同乃至赞许。但也有人产生各种各样的担心。首先，人们担心的是，醉驾入刑是否过于严厉进而导致过分频繁地诉诸刑罚这一法律后果最为严重的社会控制手段？其次，人们更多的担心的是，在人情中国，面对这样严厉的法律，执法能够"必依""必严"吗？在最高人民法院副院长张军关于情节显著轻微不应入刑的讲话出来之后，更是有人惊呼这无疑为"有关系的"留了一个口子，进而影响社会公平。这后一点担心，用网友的话讲，即"是否会造成选择性执法，执法不平等问题"？

记得鲁迅曾借《药》中"阿弟"的嘴说过,"人情人情,只要是人,跟他讲情没有讲不通的",所以,执法不公这种可能性肯定会有,并且很可能是个"世界性难题"。可以肯定的是,执法不公现象确会影响社会公平,但本文这里要讨论的社会公平问题与这一点关系不大——在我看来,对于任何一部法律或一个法律条文的运用,我们首先要讨论的不是经验中的或然性问题,而是逻辑上的必然性问题。这既因为只有后者得到了相对完满的解决,才有可能进一步讨论前者;也因为就前者来说,很多问题其实本身未必能够成为理论问题,譬如说法院判决书执行难的问题,如果仅仅是因为被执行人没有可供执行的财产造成的执行难问题,虽然在实践中是个大问题,但理论上却不是什么好问题。同样的道理,如果因为执法者的枉纵造成社会公平的缺失,显然也不能称其为一个好的针对立法的理论命题。

因此,归纳起来看,关注醉驾入刑问题归根结底,或者说首先要关注的应当是:从立法上看,它是否适切?有舆论认为,醉驾问题已经相当严重,所谓"治乱世用重典",不出重拳无以遏制相关趋势,所以,这个修正案没有任何问题;更有好事者曾分别检索出英国、美国、日本等国的相关规定,从"国际经验"的角度来说明、证立醉驾入刑并不严苛。这种观点某种程度上因为最高人民法院副院长张军的讲话得到了进一步的圆满,因为根据后者,既然《刑法》"总则"篇中早就规定了"情节显著轻微"的不认为是犯罪,因此,"是否醉酒并不是唯一的入罪标准",各级法院应当慎用此条、避免滥刑。申言之,只要适用慎重、得当,就算该修正案本身可能略显严苛,也未必导致滥刑问题。

当然,也有论者认为,考虑到"醉驾"应该是危险犯,因此,不存在所谓"情节显著轻微"的问题；更进一步的观点则是由在北京市西城区检察院挂职副检察长、清华大学法学院副院长黎宏提出的，后者指出，只要是醉驾就不存在情节轻微的问题，因为"80mg/100ml 的醉驾标准本身已是客观标准，已经把饮酒仅达50mg、60mg/100ml 等情节显著轻微的情形排除在外了"① 应该说，撇开醉驾入刑是否过于严苛不谈，就法律适用而言，张军先生的观点无疑值得商榷，或者说，此处后一种观点无疑更为可取。因为确实如后者指出的，就酒后驾车而言，"醉驾"本身就已经构成了情节严重。那么，这是否意味着笔者赞成醉驾入刑？

可以肯定的是，在酒文化颇为浓烈的中国，大概自有汽车之日起就有酒驾、醉驾现象，这也就是说，酒驾、醉驾绝不是今日方有之现象，甚至就有案可稽的各种数据来看，酒驾、醉驾的相对量（酒驾次数/所有驾车次数）也未必是当下最高——当下最高的仅仅是酒驾、醉驾的绝对数量，但这一绝对数量的上升乃以私家车、公家车（包括公务用车和公共交通用车）数量的倍数级上升为前提。因此，除非我们可以证明酒驾、醉驾现象不仅绝对数量上升而且相对数量也大幅上升，否则，所谓"治乱世用重典"根本就无法作为醉驾入刑的理由。退一步讲，就算真的可以证明这一点并进而将醉驾入刑这一立法的合法性建立在其上，那么，可以预见，或至少可以说按照为"醉驾入刑"鼓与呼之媒体的报道（据说修正案出台后两个月内全国同期相比酒后驾车量降低 30% 多，有些媒体甚至报道下降了 45.4%！），在并不需要太长的若干时间后，酒驾、醉驾行为必将超大幅度地降低。按照这种"乱世用重典"的逻辑，是否到

① "北京检方首次表态称 80 毫克是醉驾入刑唯一标准"，载《北京日报》2011 年 5 月 26 日。

了那个时候又要重新修正这一修正案？而若果真如此，那么，我们如何保证刑法这一国家基本法的稳定性、严肃性？因此，可以肯定，无论醉驾入刑是否适切、合理，其理由似乎都不应该是部分媒体所渲染的醉驾、酒驾现象的严重程度。

法国人涂尔干说，法律所针对、规制的内容应当是那些为社会公德所不能容忍的行为，而刑法、刑罚则以其中最不能容忍的行为为对象。换言之，只有那些动摇使社会可以联结为一个有机整体的社会情感、道德共识的行为才应当为刑法所规范。笔者以为，涂尔干此论无疑道出了刑法、刑罚的本质，否则，我们根本无以解释这样一系列现象：同样是溺婴行为，在某些时间段的某些社群中根本不是问题，而在另外的时间段或另外的社群却是严重的犯罪行为；同样是婚外性行为，在有些民族那儿会被处以最严重的惩罚，而有些民族却视若无睹；同样是至父母生活于不顾，有些国家以"遗弃罪"对待，有些国度却并不以为是什么大不了的事儿……那么，酒驾、醉驾行为是否达到了这种程度？

刑法中有一个基本原则，叫"无罪推定"，说的是除非有证据可以圆洽地证明一个罪行的存在，否则，就只能推定相关罪行不成立。传统上认为，之所以刑法要特别强调这一原则，是因为刑罚是一国法律体系中最为严苛的处罚机制，也因为犯罪嫌疑人在刑事诉讼过程中与控方的先天不对等地位。传统上还认为，这是一个针对刑法之实施的原则。笔者以为，刑法的实施固然应当遵循此原则，但刑事立法又何尝不应讲究此"无罪推定"？如果考虑到立法相对于司法、执法的根本性，也许，刑事立法尤其要讲究无罪推定。所谓刑事立法的无罪推定，简言之，即除非能够证明某种行为严重到已经符合犯罪构成的所有要件，否则，就不应入刑。这也就意味着，若以涂尔干刑法理论为依据，则除非我们能够有力地证明醉驾行为挑战了整个社会的道德底线，否则，大概就只能推定酒驾暂时不宜入刑。当然，你可能会说，"涂尔干关于刑法、刑罚的本质之论说我并不赞成，我赞成的是另外的理论"，因此，本文此处的论证并不成立。对于这种可能的诘问，可以预先作这样的回答：无论你是否赞成涂尔干的刑法本质理论，你都一定应该持有一种刑法本质认识；而无论你持有哪种认识，你是否都应该先给出证明：证明醉驾行为确实符合你所秉持之刑法本质认识中关于犯罪行为的构成？然而，遗憾的是，无论是有关立法机关，还是对醉驾入刑持赞同观点的论者，似乎都没有给出这种证明。概言之，是否赞成涂尔干的刑法理论并非此处的重点，我要强调的仅仅是：如果醉驾一定要入刑，那么，至少应当提供足够的证明，以证明它确乎达到了某种可以一以贯之于整个刑事立法之犯罪构成要件、精神的程度。

（本文原载《律师文摘》2011 年第 4 卷）

食品安全问题频爆，谁之过

这段时间，虽然没有发生像当年"三鹿"奶粉那样的食品药品安全大案①，但相对更小规模的相关案件却实可谓层出不穷：瘦肉精案、上海馒头案、广东粉条案、东北花椒案……

食品药品安全，事大如天。所以，从中央决策层到草根民意，无不对相关事件、事主表达出强烈的愤慨、谴责——我以为这是必需的；但同样必须要做的是，当我们发泄完情绪或情绪化的观点后，探寻问题产生之源进而更好地预防相关问题的再次发生。

首先，造成这些案件的直接主因当然是黑心商户营业良心的缺失。对于相关事主，我想说的是：第一，必须要依法严惩；但第二，更重要的也许是追问，为什么他们会做出用发霉馒头掺色素、用剧毒原料拌花椒、用墨汁染色粉条这样的伤天害理之事儿？除了良心问题外，其他原因是什么？

对于这第二个问题，人们往往想到的是相关监管部门督查、监管不力，有些人甚至还挖出了诸如政出多门、权责不清等更深层次的体制因素。这种说法当然有合理之处，但如果任由这种说法蔓延，则很可能导致我们忽略也许更重要或至少同样重要的其他方面

---

① 现在想来，当年的我若知道会有后来（2018年上半年）"长生制药疫苗案"这样"性质恶劣，令人触目惊心"的旷世奇案，估计就不会写这句话了。

原因，而这种忽略则无疑将导致也许更严重的相关事件的产生；另外，这种说法当然某种程度上对监管部门而言不够公平。

以"粉条"案为例，如果单以其中的墨汁来看，其实严格说来并不表明监管部门失职。为什么这样认为？因为没有任何法律法规要求监管部门检验粉条中是否含有墨汁成分，这就正如没有任何法律法规要求质监部门检查奶粉中是否含有三聚氰胺，没有任何法律法规要求质监部门检查辣椒酱中是否含有鹤顶红，没有任何法律法规规定质监部门应当检查自来水中是否含有农药……所以，对于作为执法部门的质监部门来讲，这样一些没有法律依据，因而就此而言没有法律责任去检测的产品质量问题，本就无法管辖（因为缺乏法律的明确授权）故而当然不应负责；或至少不应负全责。

那么，我的意思是应当由立法部门来负责吗？我觉得就具体个案而言，相关问题的产生与立法部门其实也没有必然联系。因为就具体问题而言，我们很难讲立法部门有什么错。毕竟，所有的立法都以预设相关领域之内的主体遵循、尊重相关的起码道德和行为规范为前提，所以，没有哪个国家的法律会规定，医生不能故意非法杀害病人，因为医生的最起码职业道德就是救死扶伤；也没有哪个国家的法律或哪个学校的规章会规定，学生在课堂上不应用刀砍老师，因为所有相关规定的制定者都有一个预设：作为学生，不可能在课堂上做这样的事儿；同样的道理，也没有哪个国家的法律会规定，奶粉中不能掺三聚氰胺，辣椒粉中不能掺苏丹红、鹤顶红或其他什么红，粉条不能用墨汁染色，商品房不能用纸糊，自来水中不能掺农药……

当然，我们也可以换个角度考虑这一问题：如果针对奶粉的产品质量规定中要规定不许掺三聚氰胺，那么，是否还得规定，不许掺砒霜、石灰、水银、敌敌畏、甲胺磷或其他什么当前已经确认或有待将来确认的各种毒物？显然，这既没有可能，也没有必要：没有可能，是因为立法者不可能预见到所有的有害物质并把他罗列出来，而就算你罗列出来所有有害物质，质监部门也不可能挨个检测，除非全国人民都到质监部门上班；没有必要，则因为一则诚如前文所言，立法针对的只能是"一般人"，二则也因为，除了相关的食品安全或产品质量法外，我们本来也还有其他的法律法规对相关行为进行了规定。

譬如说三聚氰胺奶粉案，这其实根本就是一个典型的投毒案，属于危害公共安全的范畴，因此，严格说来，它并不属于质监部门的管辖范围，而应是刑案侦查部门的职责；同样地，类似墨水粉条、瘦肉精等案件，其实也都属于刑侦部门或其他公共行政的管辖范围，因为它们已经明显超出了所谓质量监察的范畴。所以，当我说"没有必要规定奶粉中不得掺三聚氰胺"时，并不是说我认为这样做是对的，也不意味着我认为这样做不应受到严惩，而仅仅是说：类似此种溢出一般行业范畴、商业道德的行为，已经进入到了刑法或其他行政处罚的范畴，因而，不需要再行进行立法规范，当然相关问题也不应由质监部门负责——或至少，不应由它负全责。

聊到此处，就有必要提及消费者的问题。在我们的国民文化中，就公权运作的领域而言，反抗公权不良行使的消极成分固然不足，但同时支持公权运作的积极成分也同样不够，我们更多的时候习惯的似乎是：搭便车，又或者"端起碗来吃肉，放下筷子骂人"。以食品安全为例，或者具体以墨汁粉条为例，有理由相信这样的粉条如果进入流通消费领域应该很快会被消费者发现有问题，因为——按照有关新闻的报道——它浸泡过相关粉条的水会呈现出墨水状。以此为前提，我的问题是：它此前是否上市过？如果有，有多少消费者向有关部门投诉过？我们甚至可以想见，如果它尚未最终侥幸进入商品流通的最前线，譬如说超市货架，那么，除了自认倒霉，除了向超市投诉外，有多少消费者会向质监部门举报？更不用说，有多少消费者会向公安部门报案了。必须要说明的是，从法律角度讲，我并不认为消费者有这个举报责任；并且，从能力角度讲，我也没有预设消费者有可能发现所有的食品安全问题。我仅仅是说，从公民责任角度讲，消费者有这个道德义务积极配合相关公权部门进行执法监察；并且从自身利益角度（毕竟所有的食品安全案的直接受害者都是消费者）讲，也只有越来越多的消费者有这种举报意识，才可能让非法商户钻空子的空间越来越小，乃至不得不打消这种念头。

那么，我的意思是说除了商户道德败坏、公安机关懈怠以及消费者略显惰性外，相关的专门质监部门或立法部门难道反而没有任何责任？当然不是！我们留意到在上海馒头案中，记者暗访时有一个工人这样回答记者关于如何应付质监监察的问题（大意），"每次来检查，都是质监工作人员在办公室等，我们去外面买几个馒头给他们'抽样'"。而我个人也曾有过这样的经历：某次到某商场购买了一种商品，后来发现有问题，然后我向 12315 投诉，接线员告诉我说我必须提供购物小票，并且最好能够证明我那商品就是购物小票上所列物品；当然，她还告诉我，我可能还需要先到质检部门拿到质检报告，而要到质检部门拿质检报告就得先委托相关专业机构进行质量测评……然后再把所有这些提交到工商部门。考虑到我不是专业打假人员，并且我的工作生活也很充实，因此当我听完接线员的建议后，立马决定：放弃投诉，因为我不得不放弃。换言之，我的质量监督参与热情就这样被那位温柔的接线员小姐的温柔答话给毫不留情地掐灭了。

我相信，类似我这样经历的普通消费者同样不在少数；我也相信，类似上海馒头案中这样名为"质检"、实为鼓励不法经营的行为绝非个别，在某种程度上很有可能是"常规"。不难想见，第一，面对这样的"12315"回应，消费者就算有热情配合质检部门，又怎能不认为质检部门压根没有热情？久而久之，消费者又怎么会有热情继续配合？所以，当我在前文中指出消费者没有尽到公民责任、道德责任时，仅仅是一种事实的描述，而没有谴责或批评之意，因为我相信，很多消费者之所以不投诉不是因为他们不投诉，而是因为投诉实际上无门或被无视。第二，在这样的质检"常规"的"主导"下，再考虑到商家的逐利本性以及前文提到的那些原因，商家怎么可能不成为黑心商户？套用时下热门的说法，在这样的质检"常规"下，商家压根就没有或几乎没有违法成本，又怎么可能不违法？又怎么可能不从往奶粉中掺面粉、米粉发展到掺三聚氰胺甚至更严重的其他什么？

所以，尽管我认为就当前很多食品安全的单个个案而言，可能确实无法简单归咎于质检部门之错，因为正如前述很多所谓食品安全其实早已经进入到了危害公共安全的刑事范畴或其他行政监管领域，因而本就不属于质检部门的职责范畴；但必须要指出的是：当前很多商户之所以不以本职工作为本职（造奶粉的用三聚氰胺掺奶粉显然已经溢出了奶粉制造的范畴，或用墨汁染粉条也显然不属于食品加工），根本的症结就在于当这些事情尚处初级或萌芽状态（譬如说仅仅是往奶粉中掺少量米粉）时，质检部门面对普通消费者的投诉有太多的"淡然"乃至赤裸裸地推诿（如我的那个经历），或者质检部门有太多的质检敷衍行为（一如上海馒头案中的工人所言），有些甚至根本就是保护造假造劣（这样的故事也不少见），才进而导致商户利欲熏心、为所欲为。

所以，面对食品安全这样的事情，其实我们并不是管的部门太多（对某种重大问题有多个部门监管是世界各国、古今中外的通例）进而造成政出多门，反而恰恰是所有相关主体都没有管好自己的"一亩三分地"：消费者事实上没有很好地履行道德义务（仍然只是事实描述），质检部门没有很好地尊重消费者的投诉或仅仅是问题反映，质检部门质检过程中的渎职行为，公安机关及其他相关政府部门的懈怠，相关立法内容或立法表达的不完善，以及经营者的良心缺失进而溢出本职的种种恶行。

（本文原载《法制日报》2011 年 6 月 1 日）

城管执法的困局及其因应建议

在今天，大概城管执法局是所有政府执法部门中不被理解或被非议、谴责最多的部门。事实上，曾有好几位友人或直接或委婉地问过我，"既然民众对城管执法颇有怨责，而且它确实也没有明确的法律依据，为什么不撤裁城管"？

我的回答是，城管当然不能撤裁，因为它本就因社会情势的需要而生。在社会转型期，一定会出现各种根据现有行政权力规划、设置所无法妥帖解决的社会问题：譬如对某屠户遗弃在垃圾场的一只可能导致防疫问题之病死猪的处理，可能就无法单纯由环保部门、卫生防疫部门、工商部门任意一家执行，而必定通过某种联动机制方可能得到最佳处置；又譬如执法部门在具体执法过程中可能遇到人力资源不够的问题——这种问题或许一年也就遇到那么几次，因而无法、也不应该通过扩大人员编制的方式来对付，但通过"借人"的途径来解决则可能是一个极佳的思路；再譬如出现了一种全新的社会问题，可能并没有哪一个既有行政执法部门具有适切的执法权，此时，负责任的做法当然不是以"没有执法依据"之类的借口推脱了事儿，而必得在相应立法调整跟上之前，基于社会公序良俗的需要积极应对——考虑到立法总是具有滞后期，而今日中国又正大踏步地进行着社会转型，因而可以预见这种情形当在所多有。因此，可以说，正是类似如上诸种问题、现象的存在，赋予了城管部门存在的合法性和必要性；也因此，今日城管执法的问题可能并不在于城管有无必要存在这一根本上，而在于既有城管执法的具体体制上。

在我看来，或许可以这样概述城管执法的困局：

一方面，城管执法本就基于既有行政体制面对社会变革时期的无力感而存在，这决定了它所面对的一定是按照通常渠道、通常逻辑很难解决的问题，用城管执法人员自己的话讲，他们所面对的注定是"难啃的骨头"。这进一步意味着城管注定处于行政执法的冲突、对抗高发区，而经验似乎也已经无数次地验证了此种趋向。

另一方面，城管执法涉及的领域十分宽泛但又往往欠缺相应的完整执法权，所谓"是'警察'（或'工商'）又不是'警察'（'工商'）"，这意味着尽管城管部门所涉及的权限多达数十项，但却没有一项是完整的，而是只具有相应权限的"半拉子"。当然，事实上城管亦不可能具有某一行政部门的完整执法权，因为这既不符合行政执法的经济原则，亦不符合现代社会的分工精神。不难想见，城管部门的这种"半拉子"特质，将很可能导致在城管执法的某些"紧要关头"却发现自己没有执法权限，因而无法"继续"或"彻底"执法的问题。

与这第二方面相关的是，再一方面，城管尽管没有完整的执法权，却又是一个独立承担责任的行政部门。这几乎是当下各地、各级政府的通行制度安排，譬如《青岛市城市管理相对集中行政处罚权条例》（2006 年）第 3 条就明确规定："市、区（市）城市管理行政执法机关是本级人民政府行使城市管理相对集中行政处罚权的机关，按照规定的权限，制止和查处违反城市管理法律、法规、规章有关规定的行为并独立承担法律责任……"这种不对称的安排，首先当然对于城管部门不够公平，但更应考虑的或许是它进而也当然可能导致城管在执法过程中出现各种规避法律、规避责任并影响执法效果的现象。

可以说，也正是基于如上几种原因，使得城管在执法过程中似很难避免出现各种问题，进而引起各种误会、指责。以对乱摆摊位却又屡教不改并引起其他市民"公愤"案件为例（这或许也是关于城管执法的"最经典"例子）：这种行为明显应当被制止，但城管却只能一而再，再而三地进行劝解（以致竟出现了"跪式执法"这样的奇景），而无法像警察那样通过没收或（暂行）扣押货摊的方式"彻底解决"问题。此时，站在相对人的立场可能有这样的不满：工商都没有管我，警察也没有管我，你城管干吗管我？站在其他市民的角度则可能产生这样的愤怒：城管居然对这种明显妨碍公共生活、正常秩序的事儿也管不了，要它干吗？而如果一旦这事儿引起冲突，或可能仅仅由于媒体的介入进而引发了更多人的关注，更不用说谴责，则上级主管部门或相应的行政执法部门（如本案中的工商或公安部门）则可能很生气：城管怎么又惹事儿了？当然，我相信城管则很可能郁闷无比：我忠于职守、"冲锋陷阵"于第一线，并且可能将导致不公平地承受相应责任，但得到的却居然一律是谴责，就连起码的理解都没有？我亦相信，正是蕴含在城管执法中的如上几乎必然导生问题的逻辑，解释了至少大部分地解释了为何城管总是出现在负面报道中，俨然一副麻烦制造者的样子。

既然城管的存在有其合法性和必要性，而现行城管体制又几乎必然导致问题，则逻辑上的要求就当然是对之进行必要的调整、改革。这当然是一个大工程，在这里仅提供一种或许可行的思路。这种思路可以概括为一句话：把城管由一个名义上独立但实际上"半拉子"的行政部门，调整为一个纯然的执法协助部门。按照这种思路，则城管将成为一个独立但特别的政府部门：说它独立，是因为它有自己独立的人员编制、财政支持以及独立的内部运行规则；说它特别，则因为它完全没有自己独立的执法权——它的所有行为均源自其他政府部门或人民政府的请求、要求或指示。

这种思路的可取之处可以从如下几个方面进行说明：第一，它仍将继续履行既有城管体制中城管所实际履行的各种职权，也就是说，这种改革并不会取消既有城管对于整个社会的价值；第二，由于按照此种思路，城管将基于其他行政部门或人民政府的要求才展开执法行为，故而它的每一次执法都将以"协助执行"的面貌出现，这意味着发出要求的行政部门将指导城管的执法行为，当然，也将承担相应法律后果，这一方面可能避免现行城管因其"半拉子"属性而带来的各种问题，进而避免既有体制中对城管的不公平对待问题；更重要的或许是另一方面，第三，它将有助于对城管执法过程的监督、规范——可以想见，在这种体制下，发出要求的行政部门或人民政府，为了避免相应执法所可能带来的不利后果，一定会尽其所能地规范、监督城管人员的执法行为；第四，它可能会促进政府机关人力以及物力资源的更优化配置，因为如果真的践行这一思路，则现有的各行政部门可能只需要保留决策性以及内部事务性岗位，而不必保留过多的对外执行岗位，有些执法物力资源可能也无须保留——考虑到这些岗位、资源几乎不可能总是处于实际运转状态，也就是说几乎总会有所闲置，则将他们统一到城管部门之下，通过一定的协调机制，当更能人尽其才、物尽其用。

当然，反对的人可能会说，如果真践行这一思路，万一到时城管不服从或仅仅是怠于执行其他行政部门的要求，岂非整个公共行政都将陷入瘫痪？这在逻辑上当然有可能，经验中亦不乏类似例子（譬如在西方社会并不少见的文官人员集体罢工就颇为类似）。但我想，这不应成为反对本思路的充分理由，因为事实上现在世界各国公权体制中都存在大量贯彻着类似思路的制度设计，并且整体上更多的是成功经验："小"的如通行于包括许多国家的检察院在刑事案件侦查过程中与警察机关的关系；"大"的如世界各国议会与政府的关系，不都是如此？

（本文原载《法制日报》2013 年 12 月 11 日）

法学、法学者
与法学院

关于教材的个人心路历程

记得三四岁的时候，看到我的小哥有一天用一个军绿色挎包从外面装了几本新书回来，然后就和父亲找出一种被我们称为"牛皮纸"——一种黄色的、质地较硬且韧的大纸张，将那些书包了起来，再然后就看见父亲拿起毛笔郑重地在上面写了几个字，还有小哥的名字。其他的字我当时还不认识，但小哥的名字却是认得的。

尤其记得小哥当时脸上的那个兴奋劲儿。

那时候，大哥正好有空在家，于是在我4岁多的时候开始对我实施颇有现代英美味儿的家庭教育：教我系统地认字、教我系统的算术知识。大概自己6岁的那年春天，大哥跟爸爸说，"小弟学得似乎还挺不错，要不然直接让他读二年级得了"。于是，我直接插班"攻读"小学一年级下半年功课。换言之，不到7岁的我第一次入学没有读幼儿园、学前班甚至一年级上学期就"跳级"了。

之所以提及这一段，是因为到现在我都一直很遗憾：大概是我入学的第一步跨得太大以至于我要应付的东西太多，进而导致我怎么也想不起来我第一次拿到自己"课本"时的心情。但我记得二哥跟我讲的一句话，"只有会爱护'课本'的人，才会读好书（取得好的成绩）"。

与我同年龄段或比我年纪更大的朋友，尤其是农村朋友大概知道，我这里讲的"课本"其实就是小学教科书。那时候，尽管教辅资料不像现在这么多，但多少也有一些，但只有"课本"才能享受到"包书皮"的待遇。

可以说，自那时起教科书在我心目中，相信在很多青少年或曾经的青少年心目中都是神圣的：她们不仅仅是知识的源泉，更是知识的标准。于我个人言，教科书的这种绝对神圣性一直延续到高二年级。那时化学科老师跟同学们讲：你们现在学的这套教科书相对比较容易，如果想考高分，应当向你们的师兄、师姐们借阅他们的教科书。正是化学老师的这个建议，我才第一次意识到：原来教科书可以是多样的。但尽管如此，并没有从根本上动摇教科书在我心目中作为知识标准的地位——即便从逻辑上讲，"多样的"与"标准"似乎多少有点冲突。

这种情况一直延续到大学一年级。

还记得在第一门专业课"法理学"的第一堂课上，科任老师（中国青年政治学院的陈升老先生）特别向大家介绍了之所以选择大家手上的法理学教材的种种理由。这些理由我现在一个都想不起来，因为我当时就没有记住而在忙着发懵：难道各种教材相互间的优劣程度这样明显，以至于可以如此容易地列出如此多的理由来支持选择一种教材而非另外一种或一些教材，那么，教材（教科书）怎能承担知识的标准这一角色？

当然，发懵之后也没多想。事实上，整个大学四年几乎都是在这种懵懵懂懂、虽有时有疑问但懒于追问的状态中度过的。大学期间，关于教科书的另两个记忆深刻的经验就是：第一，原来选择哪一种教科书主要取决于科任老师的偏好，因此尽管——如果以我现在的眼光看——有些教科书可能根本没有资格承担"知识的标准"之角色，但它们仍然可以教科书的面貌出现在课堂上；第二，几乎所有法学教材都是以一位作者主编、数人甚至十数人参编的形式写就。

大学毕业后的第一个暑假，我在某政府机关谋到一个科员职位。空闲时想着大概应该在法学知识外多学一点其他知识，以在将来工作、生活中能够多一件解决问题的武器。于是到书店去瞎逛，偶尔翻到曼昆（N. Gregory Mankiw）的《经济学原理》①，觉得很有意思，也没多想，就买回了宿舍。

在阅读该书的两则序言"致教员"和"致学生"时才发现，原来这书就是作者专门撰写的大学一年级经济学原理教科书。进一步的阅读让我发现，原来教科书也可以以著作并且是个人独著的形式写就，也可以充满个性，而不必一定要为诸种条条框框所限制。

到后来我又偶然知道，曼昆的《经济学原理》这书在当时的美国是最流行的经济学原理教科书（也或许是之一）。

可以说，到了这个暑假，教科书或至少是法学教科书在我心目中曾经具有的神圣地位开始发生彻底的动摇。

那是 2000 年的夏天。

第二年下半年，我有幸考上法理学专业研究生。在五年半的研究生学习阶段（基于生计的考量，博士毕业答辩提前半年），关于教科书的深刻记忆我又多了这样一些：

第一，相当数量的（法学）教科书都某种程度上有"剪贴"之嫌，这可能也正解释了为什么几乎所有教科书都大同小异。

可能也正因如此，第二，尽管教材编写过程剪贴现象并不少见，却少有人因此主张知识产权侵权，甚至也从没有人因之而被认定存在学术伦理问题。

---

① ［美］曼昆：《经济学原理》，梁小明译，生活·读书·新知三联书店、北京大学出版社 1999 年版。

而这进一步导致，第三，在社会上活跃着一些几乎不写专业论文但却专门撰写教材的人——记得读研时曾听过这么一个段子：有一位"猛将兄"在申报某个奖项时几乎没有期刊论文，却拿出了其主编或参编的十数部教材。现在想起来，还好教科书彼时在我心目中已经不再具有神圣的知识标准地位，否则这可真是足够"毁三观"的——现在，我十分期待所有的年轻人尽早摆脱这种迷思（myth）。

第四，很多教科书挂的虽然是某一个或某一些作者的名字，但实际的撰写者却可能往往是他的研究生，或其他的什么人。

当然，在此期间，关于教科书的个人经验也不全是负面的，因为第五，我还发现市面上开始陆续出现以著作（独著或合著）面貌出现的法学教材。以法理学为例，至少就有谢晖、陈金钊两位先生合著的《法理学》以及刘星先生独著的《法理学导论》①。

但无论如何，到了研究生学习的后半阶段，教科书在我心目中的地位已经完全与"神圣"或"知识的标准"不搭界了。

自那以后，我时常会思考这一现象：为什么一方面有统编教科书，而另一方面，国内的教科书"市场"却又如此混乱？思考的结果是，之所以如此，大概主要是这样一些原因：第一，很多教材的编写者可能并不具有纯粹的学术神圣感，甚至主要也不是基于学术神圣感进行教材的创作；第二，目前国内（法学）教材尚未形成一种广泛的市场选择—淘汰机制，甚至也还没有看到形成这种机制的苗头，以至于一方面好的教材缺少被选择的机会，而另一方面一些可能并不怎么好的教材却由于种种原因而仍然在或大或小的范围内把持着一定的读者群；第三，应当有更多的以作者独著或合著的形

---

① 这两部教材分别由高等教育出版社、法律出版社出版，出版年份均为2005 年。

式写就的教材，因为唯有这样才可能写出更具学术价值的教材，并且也唯有这样才有利于促进教材选择的真正市场化，进而产生类似于曼昆《经济学原理》这样的经典教材。

如上的第三点，我于 2006 年主编出版一部《法理学教程》①的前前后后体会得尤为深刻：在主编该教程的过程中，作为主编很多想法很难得到真正的系统的实现；而参编人员的很多想法又囿于主编的提纲或仅仅是主编个人偏好等也无法实现；更"要命"的也许是，由于我们现在的这种评价机制，导致参编人员的工作量基本得不到认同，这在很大程度上也打击了参编人员出精品的积极性。结果就是，尽管我们自认为编写了一部颇具特色的教科书，但却仍然有这样或那样的遗憾。

此后，我又陆续参与了几部由国内著名学者牵头的法理学教材的编写工作，但几乎每一次对这种工作的参与，都进一步加深了我的如上印象。

可以说，2007 年以来，我的如下期望随着时间的推移变得越来越明显：期望国内也能出现越来越多的以著作形式写就的教科书，期望教材的市场化选择机制能够在各界的推动下开始产生。

而我当然也愿意为如上的个人——我并一厢情愿地认为或许有相当多的人有这种——期望的实现尽自己之职与责。

正好，2012 年年初，陆续有几个出版社联系我谈教材编写事宜。其中，清华大学出版社的教材规划与我"以著作形式出教材"的期望完全一致，而在与出版社具体负责此事的编辑刘晶女士交流的过程中又让我进一步感受到了她与出版社对待教材出版的责任感

---

① 周赟主编：《法理学教程》，对外经济贸易出版社 2007 年版。

和虔诚感——这尤其体现为，在后来的编（辑者）写（作者）交流过程中，刘晶女士所始终保持的认真、耐心和热情。于是，双方约定，由我来负责出版社"法学讲堂"系列中的《法理学》。

当然，尽管呈现在您前面的这部教材以著作的形式写就，并且在很多地方我也确实力求写出一点个性，但我给自己设定的首要创作原则是：基本覆盖法理学的所有主要问题域，尊重既有的理论共识，在这个基础上在篇章结构或具体问题的剖析上作出个性化的努力。这其中，如下几点也许有必要特别地向各位读者朋友交代：

第一，整体结构上的个性化努力。这主要表现在把全书分为"关于法律的一般理论"和"根据法律的一般理论"两个部分，并且从篇幅上将二者作同等重要的安排。相对而言，我们现今流行的法理学教材体例似乎更多关注的是法的合法性问题等"关于法律的理论"，其典型表现为：几乎现有的每一本法理学教材都花费极大的篇幅关注诸如"法律与政治""法律与经济""法律与社会""法律与历史（文化）"等问题。这种编排体例造成的后果之一是，许多初学法学的学生（事实上，本人当年就是如此）总有如下疑问：怎么法理学跟中学学的政治经济学或马克思主义哲学如出一辙啊？而本科高年级的同学，一俟他们接触到法制史、比较法学等课程时又总是会奇怪：许多知识我们不是已经在法理学课堂上学过了吗？我始终认为，这种结构可能还有调整、完善的空间，更为合理的结构当然应该是两者并重。为了达致两者的并重效果，在写作过程中，我有意识地适当压缩了一般教材中关于法与社会、法与历史、法与政治、法的历史等内容。

第二，编写过程中对他人作品的较大量引用。之所以作这样的安排，是因为一则作为教材本来也应该兼顾至少在作者看来已经得到广泛认同或作为当前共识之源泉的经典理论；二则通过这种引用并交代详尽的文献出处，可以使教材在提供知识、理论的同时成为学习者的一部"文献目录索引"。

关于引用，还有两点要作特别的说明：一是这本教材的很多引用针对的是国内比较流行的法理学教材，看上去似乎很给人这样一种感觉：你对国内某些教材作这么多的引用，那作为读者我还不如直接去看被你经常引用的这些教材。可以肯定，产生此种感觉的读者一定是还没有阅读而可能仅仅是"翻阅"该教材的人，因为该教材对其他教材的引用主要是为了说明当前既有的某些共识，而不是为了说明我意欲分析的问题，更不代表本人的相应观点本身。事实上，在大部分的这种引用情形中，我依据自己分析而得出的结论可能都与这些共识有所不同——或许有必要特别指出的是，这种"有所不同"主要不是基于论说立场或偏好的不同，而是基于对既有共识逻辑方面不足的判断。之所以强调这一点，是因为如果本教材仅仅或主要因为立场不同而与既有共识"有所不同"，那么，这几乎可以说是一种刻意的不同，而这种不同也未必比既有共识更具说服力；但如果是基于逻辑圆洽性考虑而得出的不同，那么，至少从观点的逻辑一致性角度看，这种不同更可能是一种超越性，因而也更具可接受性的不同。

二是本教材特别注意了对传统中国经典文献的引用。对传统文献以及当下主要源自西土的"现代法学"有所了解的人大概都清楚，传统中国很多关于"法""法律""法治"的论说其实无论从概念上、理路上还是精神实质上都有很大的、甚至可以说根本的不同。既然我自己也清楚这一点，为何我还要刻意作相对较多的传统文献之引用？这主要是因为一则无论这些文献或传统本身是好是坏，我们都有义务对之有起码的了解，或至少有了解的意识；二则也因为尽管在很多方面存在这样或那样的不同，但在某些基本的道理上、逻辑上却确有可供借鉴之处。

第三，具体问题分析理路、结论上的个性化处理。具体例子散见于本书的各个章节。这里仅特别说明的一点是，在提出自己个性化观点时，我一般会交代现在的主流观点，并且在提出自己的观点之前会作相对较为详尽的证立、说明。之所以作这样的处理，就是为了兼顾教材的共识化与个性化的并重。读者朋友们如果觉得当下共识更为可取，则尽可以作出自己的选择。但作为曾作过真诚努力的作者，我期望您愿意对我的结论，尤其是结论的得出过程作一个起码的了解。事实上，我现在越来越认为，在科学研究的领域，也许尤其是相应的教学过程中，教授者具体结论的对错也许不一定比对待研究的虔诚态度更重要。也正是在这个意义上，我个人十分认同德沃金（Ronald Dworkin）在《自由的法：对美国宪法的道德解读》一书结尾处对于教师职业的如下阐释：

"教授们以及其他在大学授课和从事研究的人们具有一种更为普遍的和不可妥协的责任。他们具有一种示范式的责任去发现并传授他们认为重要而真实的东西，这种责任，我们甚至可以说它达到医学责任可能有的程度，这并不限于他们是否符合他们所教授的学生的最佳利益。这是一种对真理的纯粹的责任，从这一角度看，这是一种最接近于使他的生活符合他自己信念的责任……没有一个其他领域能像学术机构那样，在那里，专业人员的责任是如此清楚和明确地得到规定，这便是：寻求、传播并教授他们所认识的真理。学者为这种责任而存在，并且仅仅为它而存在。"

第四，在每一章的结尾处，我还提供了延伸阅读材料的目录。

关于这些材料目录，您可能也已经留意到，我作了这样几个特别的安排：一是特别注意了对传统中国经典文献的推荐（理由如前）。二是有意推荐了几部当下中国的基本法律，如《宪法》《民法通则》《刑法》等，之所以推荐这些文献，是因为在我看来法学就是规范之学，因此，所有法学人都应当培养一种对于规范的感觉，而培养这种感觉的有效方式之一就是阅读法典；另外，了解当下中国的主要法律规定本来也是一个成年公民、更不用说一个以法律为志业的公民的应有责任；当然，通过阅读这些法典，也有利于法学的初习者更好地理解法理学理论以及今后对相关部门法理论知识的学习。三是适当地推荐了一些党和政府的文件或经典政论文献。个人认为，这些文件或文献可以让我们对这个社会的整体政治、经济状况以及当前发展方向有一个大致的把握。必须明确的是，对这些文献的推荐并不必定意味着我个人赞成其中的所有论说，而仅仅是在我看来，它们值得认真对待、阅读。四是适当推荐了一些英文文献，其中，可能有些英文文献国内读者很不容易获得。按说，一本写给法学初学者的教材似乎不应推荐过多的外文文献，但我之所以仍然作了这样的安排，是因为一方面我认为就相应章节而言相关文献的关联度、针对性或说理性最强，也因为另一方面我想借此提示法学初学者们这样一点：在法学的学习、思考过程中，收集参考资料的视野一定要尽可能的宽——如能像清朝末期、民国初年的法学者那样能够不借助翻译而熟练阅读多语种文献最好。

第五，也许还有必要作出特别说明的一点是，可能由于本教材的"独著"写作形式，当然也可能是由于本人功力尚未达致对某些问题进行"深入浅出"的论说之程度，因此，本书涉及的部分内容（如"法律效力的判断标准"，又如某些地方对哲学、语言学部分结论的借用，等等）可能对于部分初学者而言会造成阅读、理解上的困难。尽管出版社审稿人曾建议我对这些部分作出删减，但主要基于体系、结构完整性等方面的考虑，我还是决定"顽固"地予以保留。当然，必须明确的是，从内心来讲，我真诚地认为在老师的帮助下，或者仅仅随着读者诸君法学修养的渐渐提升，对这些内容进行理解和把握应该不是什么大问题。

记得罗斯（Alf Ross）在《论法律与正义》"序言"中曾对法理学提出过这样的希冀，"我希望法理学不仅仅是一项美妙的精神运动，而且有助于法律人（lawyers）更好地了解他正从事的行业以及背后的原因"。而这，也正是我如上努力或尝试很可能差得尚远，但却是一开始就设定的追求目标。

[本文原系本人独著之教材（《法理学》，清华大学出版社"法学讲堂"系列 2013 年版）"代后记"的一部分，发表于《法制日报》2013 年 5 月 2 日]

法学者的使命与责任

在很多场合，作为一个法学理论的研习者，我都被问及这样一个问题：如果你的理论没有在实践中得到实现，或者根本没有引起实践界的关注，是否会灰心失望？作为同样从小在"学以致用"氛围中长大的人，我很能理解提问者的这种提问及其背后的意味；老实说，我确实也曾经一度为此失落过。

但现在我已越来越确信，法律实践界是否参考、援引或落实一位法学者的理论，并不构成他（或她）是否灰心失望或踌躇满志的理由，或至少不构成必然理由。这是因为法学者从事的本来就是理论工作，这意味着：

第一，他首先必须以理论工作本来的规定性来要求、规范自己的工作，而理论工作很可能具有与实践不同的逻辑以及内在要求。

这进而也就意味着，第二，如果我们承认实践与理论确实是两种不同的人类活动领域，这种不同用一句话大体可以这样描述：理论工作讲求逻辑的圆洽性，而实践则恰恰讲求经验问题的妥协解决——所谓妥协可能往往意味着对逻辑的至少某种程度的牺牲。那么，也许更可能的情形是，在实践中严格落实一种理论可能会导致某些问题的产生：事实上，人们之所以在反思法国大革命的悲剧性结局时几乎异口同声地说是卢梭社会契约理论的副产品，一个很重要的原因也正在于法国大革命的领导者们过分"忠实"于卢梭的社会契约理论。

第三，理论者没有可能决定、甚至也无法引导实践界作出任何一种特定行为，因为他根本就没有这个能力、资格——毕竟，除了那些伟大的人物，一个"手无缚鸡之力的书生"不可能，也没有资格在现代社会扮演"君师合一"式的角色。

申言之，我现在认为，法学者没有必要因他的理论得到实践而高兴，毋宁说，如果他的理论得到了忠实的落实，他更应该感到惶惑——这时，他或者应该反思：是否自己的理论哪里出了什么问题？要不然怎么可能被忠实地落实到实践这样一个与理论具有不同秉性的场域？或者，他至少有必要对相应的实践者提出这样的警示：我的这种理论是否应当、又是否可能得到实践的落实？尤其是实践的忠实落实？是否预见到在本应讲求妥协精神的实践中落实一种可能片面但逻辑圆洽的理论所可能带来的恶果？实践中是否应当追求个性化或具体化？以及，实践中的片面性是否可能带来可怕局面？

在这里，为了更清楚、准确地表达本文的观点，也许还有必要对如下两个方面进行必要的说明。

第一，如上结论并不意味着我反对法学者关注法律实践，或者反对法学研究应当"理论联系实际"；相应地，当然也不意味着我认为实践者没有必要关注法学理论。法学作为一种典型的实践理性之学，当然应当紧扣实践或联系实际，但这种紧扣或联系只意味着从根本上讲，法学理论研究的所有问题都应当最终来自实践，而并不意味着理论必须与实践保持步调一致，更不意味着应当拿是否可实践以及是否被实践作为衡量某种理论的标尺。也就是说，当理论者从实践中抽象出问题之后，他只应当按照理论本来的规定性对这个问题展开研究，至于他的研究是否带来哪种实践后果或可能带来怎样的实践后果，则不是他应该关注或应该过分关注的。因为正如前述，他没有能力、资格去作这种关注，真正直接决定实践结果的只可能、也应当仅仅是实践者。事实上也几乎可以断定，他的关注并不会在任何意义上必然影响实践的实际情况。这实际上也就意味着，当法学理论者在进行理论研究时应当心无旁骛、超然中立——通俗地讲即应当秉持一种"冷板凳"心态。

与此相关，法律实践者则当然有必要关注法学理论，因为法学理论对于法律实践而言至少发挥着如下几种关键作用：首先，它可以为法律实践提供观察、分析、表述问题的范畴性工具。可以说，如果没有各种法律概念、术语，法律实践者将肯定无法言说、交流、实践进而解决法律实务问题。其次，法学理论除了可以启发受教者的理论思维能力外，也可与其他法学学科一道，启发受教者解决实际问题的能力。最后，它可以为法律实践提供合理性说明或给出批判性建议，从而为实践奠定观念基础。在这里，我们不妨援引美国学者伯尔曼在其名著《法律与革命》中的如下一段话来总结理论教研对于法律实践的此种功用，"学术机构与制度实践间存在着复杂的辩证关系，一方面一种学术体系（总是）描述着一种相对应的制度及其实践，另一方面制度又（总是）通过学术作品、理论教研而变得概念化、系统化并因此而得到改造……在这个意义上可以说，法律世界本身包含着一种相应的科学，这种科学既构成对法律的说明，也可视为法律机制的元动力"。

与前一点相互关联但侧重有所不同的是，第二，如上结论也不意味着我反对理论可以或应当影响实践，或者说我反对法学者可以或应当尝试着去影响、引导甚至改造实践。我反对的仅仅是，法学者以自己的理论成果径直要求法律实践者予以运用。也就是说，我反对的仅仅是法学者尝试着直接影响，甚至利用自己的话语权直接引导乃至左右实践者。因为正如前文反复申明的，法学理论工作与法律实务工作是具有不同内在规定性的两个领域。申言之，法学理论者在影响实践时应当以谦抑为基本精神。

那么，法学理论者应当如何影响法律实践？

我觉得主要有两个途径：一是提供理论上的参考意见。在这里，所谓"理论上"，意味着法学者根据理论的内在规定性，从理论的角度得出符合理论逻辑的且充满创造性的结论或建议；所谓"参考"，则意味着这种理论意见是否得到运用以及更重要的如何得到运用，取决于实践者的选择。这尽管听起来似乎对法学者有点不公平，但这却可能是理论与实践良好互动的唯一模式；并且这也反过来证成了这样一个紧密关涉着学术创新、学术自由的命题：对于法学理论者而言，最重要的是以一种虔诚的理论态度产出并供给某种符合理论逻辑的结论；相应地，无论这种结论是什么或可能导致怎样的实践后果，社会都应当对一个虔诚或真诚的理论者本身给予足够的宽容。法学者参与或影响法律实践的第二种方式是积极介入关于法律问题的舆论生成、发展过程，从而为法律实践者提供交流、对话的平台，并从外围对法律实践展开证成、批判或证否。在这个意义上，法学者确实有责任如爱德华·萨义德在《知识分子论》中指出的那样，"最不应该的就是讨好阅听大众"，而应该"不畏艰难险阻向他的公众作清楚有力的专业表述"。

总之，作为法学理论的研习者，追求研究的超然性、追求逻辑的圆洽、追求理论的个性化或创造性，甚至为追求深刻而不得不走的片面性（所谓"片面才深刻"）才是他的工作精神。而法律实践者则几乎在所有这些方面都具有相反的工作精神：他必须深深地介入他所从事的工作，他必须追求现实世界中必要的妥协，他必须始终遵循大众价值和社会标准，他在解决实际问题的过程中必须尽可能面面俱到而非片面地深刻。因此，对于法学理论者而言，最大的社会使命和专业责任就是：以一种虔诚且超然的态度，产出多样化但符合理论逻辑的专业理论，以供社会大众及法律实践界在进行实践决策时进行选择、参考；在这个基础上，如果一个法学理论者愿意并正好有机会，那么，他还应当介入社会舆论的生成，以一种适度且谦抑的态度发挥一个法律领域内之公共知识分子的作用。

（本文原载《法制日报》2012 年 12 月 6 日）

得失相依 · 河东河西
——拜纪陈朝璧先生及其译著《英美法原理》

很多前后未必相继、四顾似颇茫然的事儿，如果以一种类大历史的眼光观之，就会发现冥冥中仿佛真有一条主线，早已经把它们安排好、串联好。这么讲，未必意味着所谓历史本身存在必然性，但这或许恰恰印合着历史的宿命：它只存在于解读（interpreations，复数）中——所谓解读就是赋予意义，而赋予意义当然就得有所依凭。

作为一个后学晚辈，当我对前贤陈朝璧先生的处世、治学、执教了解越多，"得失相依"几个字在脑海中就越清晰。我当然不敢说这几个字准确地描述出了陈朝璧先生的人生主线，但这至少可以算是对先生生涯的一种解读，而且，我认为，是一种真诚、虔诚的解读。相对应地，可以用"河东河西"来概括我对先生译注之《英美原理》以及附着于这本著作上之种种因缘的感受。

上篇：得失相依的人生历程

陈朝璧，号大白，1905 年生，江苏盐城上冈区（今射阳县）人，自幼随父学习传统中国诗书，至十六七岁，对经史的掌握已达相当之程度。然而，彼时"新文化运动"已成大势，少年朝璧决定攻读"新学"；后经其舅父资助，于 18 岁那年考入上海中法学堂

（系法国天主教教会主办，外语以法文为主）。至"高考"前夕，舅父生意凋敝，经济困窘，少年朝璧只得辍学、工作、筹资。一年后以优异成绩考上中央大学（今南京大学前身）。又一年后，仍因经济困顿，不得不放弃中央大学的学习，转而寻求、依托公费（"庚子赔款"的部分金额）项目，到比利时鲁文大学（Catholic University of Leuven）法学研究院留学，历 3 年而顺利获得法学博士学位，并于翌年即 1933 年回国。

由于时局混乱，归国后的青年朝璧，居然无从就业。在亲友帮助下，才在上海开始了一段"开业律师"生涯；期间，兼任上海私立持志大学教授。3 年后，正式发表《罗马法原理》一书——正是该书，一举奠定了先生在近现代中国法学史上的隆高地位。

然而，即便是这般不甚如意的上海生活，也因日本悍然侵华，而不得不中断。1938 年，先生从上海转入当时相对落后的福建等地继续教学、科研工作，期间不断更换工作单位、地点。先生的颠沛、艰难直到1943 年，经周枏先生引荐，被厦门大学聘为法律系教授，方告一段落。

执教于厦门大学期间，陈朝璧先生先后开设有罗马法、国际私法、中国司法组织、刑法分则、劳工法等课程，均甚受学生欢迎。缘何讲授如此之多、且跨度较大的课程？这一方面是因为当时的师资较为紧缺，另一方面也是厦门大学自萨本栋校长（1937—1945年期间任国立厦门大学第一任校长）以来形成的一个不成文惯例：作为院系长（主任），当某一课程师资空缺时，应该责无旁贷地顶上。

1945 年秋，因法律学系主任周枏教授离校他就，系主任遗缺遂由先生接充；1946 年 4 月，先生又兼任厦门大学代理教务长、教务长；1949 年 9 月，厦门大学汪德耀校长赴英国讲学，先生以教务长身份成为代理校长；同年 10 月 17 日，厦门解放，中国人民解放军福建军区厦门市军事管制委员会主任叶飞、副主任黄火星于 20 日发布"教字第 1 号令"，宣布接管厦门大学。先生即于次日复函军管会，表示要拥护接管，切实执行相关命令。随后便积极配合军管会按照中央提出的"维持现状，逐步改造"原则，抓紧进行复课复校的各项工作。

在此期间，先生除承担繁重的教学、行政工作外，不忘科研。其中，以译注、出版《英美法原理》为典型代表——关于此书，下文还将专门讨论。

1953 年 7 月，全国高等院校调整，厦门大学法律学系停办，先生改任中文系教授，讲授中国古典文学史等课程。期间，先生编写出《先秦文学史讲义》《荀子今释》等讲义（到今天仍然有很多文学史界的专业研究援引这些讲义），还撰写有《读了〈中国古典文学中的现实主义问题〉以后》（《学术论坛》1957 年创刊号）、《关于"招魂"的作者和内容的商榷》（文化遗产编辑部编：《文化遗产增刊》第六辑，作家出版社 1958 年 5 月）、《关于山水诗产生和发展问题的商榷》（《厦门大学学报》1963 年第 3 期）等有关古典文学方面的学术论文。1976 年 8 月，先生从厦门大学中文系教授岗位上离休。

1979 年 5 月，按照有关部署，厦门大学决定复办法学教育。因工作需要，学校邀请先生复出，重新执教法学，并担任法律系复办筹备小组副组长。先生不顾年事已高，欣然应允，并感怀赋诗一首曰："久滞文坛非夙愿，将回法苑庆新生。重温旧著弥亲切，展望前程倍喜欣。老马幸而逢伯乐，寒蝉何以报知音。献身四化追先进，尽瘁余年育后人。"重获新生后的欣喜之情溢于言表。1980 年

8 月，先生被任命为实际主持行政工作的法律系第一副系主任。此时先生已年届 75 岁高龄，但依然老当益壮，不遗余力地为法律系的重建而四处奔波。他曾多方联系师资，亲赴全国许多高校开展调研，含辛茹苦，毫无怨言。尤令吾辈汗颜的是，短短 3 年时间，在如此高龄且日程安排如此紧张的情况下，先生发表了一系列高质量的著名学术作品（如刊载于《法学研究》1980 年第 1 期上的《中华法系特点初探》，首次系统归纳出中华法系三个特点，并重新开启了沉寂达半个世纪的中华法系研究），显示出先生对学问的极大热情、对法学的极大热爱、对法律教育事业的极大热忱。与此同时，先生还兼任福建省法制委员会委员、中国政治学会理事、中国法制史学会常务理事、福建省民革委员等职。1982 年 3 月 31 日，因突患脑溢血，先生不幸溘然长逝。

如果以当时当地且世俗的眼光看，先生的一生，实可谓充满坎坷：曾苦学十数年经史，却因新文化运动而只能转向；好不容易新学入门，却又断了经济来源；考上堂堂中央大学，同样因经济而被迫中断学业；几经波折，拿到鲁文大学博士学位，作为海归，却又只能就职于律所以及私立院校；执教于厦门大学后，又遇院系调整，而不得不再次转行；改革开放之后复办法学，虽激情满怀，却不幸罹患重疾，壮志未酬……

但如果跳出当时的具体语境，却会发现，几乎所有前期的所谓挫折，竟都为先生此后的很多人生际遇埋下了伏笔：

没有幼年时期的饱读诗书，不知先生数十年后转行文学院是否会如此切换自如？而没有在文学院对古代中国经史的十数年治学经历，先生是否有意识、有能力在十数年后重启关于中华法系的大讨论？

没有少年时毅然决然地转向新学，不知先生有无机缘转学到上海并碰巧进入法文学校？而没有这个阶段对法文的学习、掌握，又如何想象短短 3 年内在比利时完成法学博士课程的学习并用法文写下《中比通婚中的国际司法问题》（该书中文版由上海中比友谊会1933 年出版）等学术作品？

没有青年时期经济上的困顿，不知先生是否仍有足够动力寻觅留学比利时之机会？没有比利时的留学，或许就错过了与周枏先生的相识并结下深厚学术友谊的机会；而没有这一段学术友谊，又何来先生与厦门大学、厦门大学法律系之间的一段数十年的传奇？

没有此前经历的种种波折、磨难，不知先生在 1979 年厦门大学复办法学的过程中，是否仍能如此风轻云淡却全力以赴并取得惊人的进展？而如果没有先生等诸先贤的卓绝努力，焉能有今日之厦大法学？

下篇：河东河西的英美法

先生与《英美法原理》一书的结缘，始于比利时鲁文大学留学期间，用 1948 年初版该书时先生于《译注者自序》中的一段话说，是：

"回忆 20 年前，译注者留学四欧之时，每请英法诸国法学先进介绍此类英美法书籍，辄以本书见告。购而读之，获益良多。当时曾拟译为中文，以享法界，且已译就 2 章，卒以事忙搁置。嗣鼓励三弟朝原续译，亦因故未竟全功……"

可见，该书与先生的缘分着实源远流长。那么，为何中断 20 年后先生仍决定重启该书的译介工作？结合史料，以吾辈心思揣摩，大致上可以爬梳出这样几条理由：

首先，是先生个人的观察和判断。同样在前引《译注者自序》中，先生敏锐地指出，当时国内法学研究、法律教育、法制建设存在如下明显的偏食现象，而纠偏的最直接途径当然就是补足：

"中国自清季以来，不论法律教育或法律制度，莫不仿效东瀛，而溯源于欧洲大陆。故法律课程之中，印证外国法例者，均不外德、法、日、瑞诸国。学说上之比较，更不出大陆学派之范围。法学界出版各书，亦几乎一律以此为典型。其间涉及英美法系之学说或制度者，殆为例外。中国与英美等国，所属不同法系，法律制度原未划同。但同异之间，瑕瑜互见。其间何者不同？何以不同？取舍之间，孰优孰劣？凡此诸端，皆为理论及实用方面之基本问题。盖治学之方法，首重比较；而历史之久，领域之广以及法治收效之宏如英美法系者，实不容忽视……"

其次，是时局的需要和吁求。1947 年，国民政府教育部发出指令，要求各大学法律系学生必修罗马法及英美法课程，先生于是在厦门大学开设之——这不仅仅是厦门大学的"No. 1"，在全国也属开先河之列。可以想见，在当时资料相对匮乏的背景下，为了更好地落实相关指令，重拾《英美法原理》的翻译工作，无疑是相当明智的选择。

当然，最后，是先生的个人学术友谊和工作情谊。早在求学比利时之时，先生就结识了本书的法文译者瑞士人小皮埃尔教授（Professor Mar Petitpierre），并进而结识了木书作者阿瑟·库恩。在当时交通、通信不便的情势中，先生却与小皮埃尔、库恩等人保持着深厚的跨国学术友谊，而后二者的鼓励，尤其是库恩亲自为中译本作序，无疑是先生译注本书的重要动力。另外，先生在《译注者自序》还曾特别提及，本书的出版，离不开当时厦门大学主管学术出版工作的部门和领导以及厦门美华出版社相关编辑的大力支持。

从如上爬梳中可以看出，《英美法原理》的翻译出版，其实关联着当时的一个宏大学术背景以及先生的一个重要学术洞见：前者是，英美法在20世纪上半叶中国的影响阙如；后者是，先生认定中国应该研究、学习英美法。

由于时势的变迁，先生译注的本书，在大陆地区曾经一度沉寂；却在我国台湾地区薪火相传——由台北商务印书馆重印数次。然而，是金子总会发光，随着大陆法治理念的张扬、法学的复兴，该书亦重新引发了学界的关注，最明显的标志是：本世纪初，厦门大学法学院毕业生、现为中国政法大学教授的米健先生承遵先生夫人之嘱，重新校对出版了本书。

如果从大陆学术史的角度来看，先生译注的《英美法原理》至少具有如下几个方面的重大意义。

一是学风示范效应。时下有一个很有意思的现象：许多学人往往有厚古薄今的倾向，譬如法学界就总有人感佩民国时期法学者的精深学问，但实际上，从学术发展的一般规律来看，后来者总体上强于先行者，几乎是必然。然而，如果仅就学风言，那么，这种意义上的"厚古"大概并无问题：相对时下略显浮躁、快餐主义式的学风，民国时期的学风无疑更为踏实、凝重、严肃。以先生翻译的《英美法原理》看，至少我本人现在很少能看到当前大陆地区还有译注得如此翔实的译著：全书20余万字的篇幅，先生一共作了110多处译注；并且，有些译注多达300余字！

二是学问视野拓展。有句广告词说得好，"视野决定高度"。这在学问领域体现得尤为明显，可以说，小到一个学者、大到一个国家或一个民族，其能否产出大学问、大思想，一个关键的标识就在于：是否具有大视野、大胸襟？先生本为罗马法学者，而且当时的局势又确实是罗马法以及大陆法占据明显的"强势""显学"地位，但先生却已经敏锐地意识到不能偏食，并主动跳出自己的"舒适区"，探索和引领后学关注英美法——这与时下某些学人的"学术山头主义"做派实在不可同日而语。如果说，在中国的罗马法研究领域，至少还有周枏、黄右昌、陈允、丘汉平等诸位先贤与先生堪比瑜亮的话；那么，在中国的英美法研究领域，先生通过翻译《英美法原理》而确立的开山之祖地位，当是毫无疑问了。以今天的立场回头看，我们无疑应该庆幸，因为如果没有包括先生在内的学界诸位先贤的此等兼收并蓄、兼容并包的大视野，又怎能有今日英美法研究如此兴盛之局面？

三是学术方法启示。尽管作为一种研究范式的"比较"，几乎可为所有理论研究所运用，并且事实上也一直为许多研究人员所自觉运用。然而，在法学界，"比较"却得到了特别的重视；尤其是在当下，基于此种方法、思维而专门产生了一门叫"比较法学"（Comparative Law）的法学科。当然，比较法学是相当年轻的一门学科，一般认为，它最早可追溯至不早于1900年代的西方法学界。然而，作为一位中国学者，先生在20世纪30年代就已经洞见到，法学之治学方法应当"首重比较"。虽然，我们今日已经无法考证先生此一号召之于中国法学，是否以及直接引发了多少回响，我们甚至也无法考证先生是否为国内最早提出此论的学者，又或者是否是影响力最大的学者，但其前瞻性、敏锐性、关键性无疑值得80多年之后的我们致敬——我想，今日中国各大法学院系普遍开设比较法学课程这一现象本身，就是对当年包括先生在内的各位前辈相关认识、判断的最好回响。

结语：一位好教授，一部好作品

我不知道，在别人眼里好教授的标准是什么。在我看来，好教授的标准至少应当与好研究员有所不同：后者只需自己的科研足够出色，就可以被称为"好研究员"；而科研之于前者，则至多只是一个先决条件，却并非直接判准。当且仅当一个人在如下两个方面达到一个高水准，他才能名副其实地被称为"好教授"：其一，高格调的师范。其二，高水准的授课。在这里，所谓高格调的师范，是指一个人必须具有高贵的人格、高洁的操守、高尚的德行，才有资格成为他人之范导，这是好教授作为一个职业工作人员的"人"之标准；而所谓高水准的授课，是好教授作为一个职业工作人员的"职业"之标准，指的是一个教员必须能够并事实上通过自己的授课、授业而引起学生朋友的专业兴趣，进而高效率地从视野、思维、方法、知识等层面全方位地提升学生的专业水准——为了做到这一点，一个好教授应该具备较为出色的科研能力，但这当然并不意味着具备此条件就符合好教授的职业标准。

无论从哪个角度看，先生都不愧"好教授"这三个字：先生热爱教育事业，可以说真正做到了不计个人名利、为教育事业而献身；先生热爱讲台，并且其旁征博引、大开大合的讲授方式深受学生朋友的欢迎；先生是厦门大学早年法学教育的股肱之臣，更是1979 年厦门大学复办法学教育的首功之臣；而先生的科研能力无疑是卓越的——无论是自己的专精领域罗马法，还是后来被动转入的古汉语文学，以及晚年关注过的中国法制史，先生都产出了足以令任何一个相关领域专业人士骄傲一辈子的杰出成果。仅以先生不那么为人所熟知的中国法制史研究为例，一位当下顶尖的法史学者曾这样评价先生的研究，"如前所述，20世纪30、40年代曾掀起中华法系热潮，后近40年没有相关论文出现。陈朝璧《中华法系特点初探》是'破冰之作'"（马小红：《中华法系研究评析》，载《法律文化研究》第七辑）。

我很确信，一部好作品，应在视野、思想、方法、知识以及可读性等方面均达致相当之水准。《英美法原理》视野开阔，作者有意识地以大陆法系习惯的论说思路、框架和术语，以比较为基本方法，深入浅出地梳理出英美法制度的成长过程，清晰而准确地向读者展现出英美法的一幅全景画。该书法文原版可读性如何，不太懂法语的我无法作出评判；但经过先生优雅文笔转换之后的中文版《英美法原理》，即便在80多年后的今天读来，也如丝般流畅，但又严肃端庄。

我更期冀，先生尊荣高尚、追求卓越的学者风范会在先生复兴的厦大法学教育中，不断地接续。因为唯有如此，厦大法学方能以一种高贵的姿态生生不息，壮大兴盛；进而不负先生创下的开局，以及先生在天之灵的看顾。

【本文应"厦门大学百年学术论著选刊"编纂组邀约而撰，作为《英美法原理》（库恩著，陈朝璧译，厦门美华出版社1948年版，厦门大学出版社2021年影印再版）一著再版前言。】

学术批评、学术打假与人身攻击

> ● **作者按** 若干年前，或许有相当一部分人痛恨在学术讨论过程中动辄拿各种主义压人。可以肯定，这样的学术讨论一定有问题，但老实说，它至少还保留了"学术"的面相。近些年来的有些讨论，则显然完全溢出学术的范畴，都已经演变成赤裸裸的言语暴力、人身攻击。笔者以为，如果你认为对方提出了一个真诚（他说出了他内心所想，而非说对他而言的假话）的学术观点，那么，不管这观点多么不被你待见，理智的做法都应该是批评这观点本身，而非攻击其持有者。当然，如果你认为他压根在说假话，那么，何必跟他讨论？换言之，也没有必要人身攻击。有感于此，遂成本文，供各位笑评。

近期，国内学界的学术不端事件频发，一个可为佐证的数据是，在2013年3月的某一天，笔者在最大的中文搜索引擎"百度"上，分别输入"学术丑闻"和"学术造假"进行搜索，结果分别找到相关网页约2 390 000篇以及1 200 000篇。这真是一个惊人的数据，并且似乎很可以从中得出当下中国学术界已经"堕落得不行"乃至"学术腐败现象层出不穷"（有关媒体语）的结论。

其实，在我看来，学术不端事件被频频揭露出来是件好事，因为它可能恰恰预示着当下中国学术界离净化不远了。而此前相应事件不多：一是由于此前有学问或貌似有学问的人本就不多；二是因为此前的媒体力量也不如现在来得迅猛；三是因为此前学界的有关问题尚未被全社会重视，并且在很大程度上学界自身也没有对此类事件予以充分的关注；等等。但显然，似乎无论哪种原因都无法导致我们得出当下中国学术界问题更多的结论。

我这么认为并非意欲为当下中国学术界遮丑，此处要讨论的甚至也不是"学术不端事件频发"这件事本身——我要关注的仅仅是，在诸如此类事件或尚未演变为此类事件的现象之中有关学者所表现出来的种种。其中，也许最值得注意的是这样一个"一条龙"逻辑：先是因为学术讨论，然后变为学术批评，然后演变为学者互相攻讦，进而终于被对方阵营苦心搜索一番并"抓住辫子"，最后终于成为彻底的学术丑闻。

老实说，这其实也确实是一种发现学术不端、打击学术不端的途径，只是其中所表现出来的具体过程却实在让学界同人不堪。当然，我并不觉得此种不堪不可以接受，尤其是相对学术打假这一收获而言。我只是觉得为什么我们的学术讨论、学术批评几乎总是会演变为人身攻击？或几乎总是因了人身攻击的需要而被发动？

当然，这不是今天才有的事儿，有案可稽的此种事件至少可以追溯到儒墨两家的交锋。众所周知，春秋战国时期是我们国家前现代史上少有的百花齐放年代。在这里，所谓百花齐放其实不仅仅意味着诸种观点学说"齐放"，往往还意味着它们相互之间的对话和辩论，如被韩非子誉为两大显学的儒家与墨家就经常相互辩驳、攻诘。

其实，相对道儒法等几家理路间的暧昧不清而言，儒墨两家之间的观点本就对立得非常明显：前者认定爱有差等，而后者则强调兼相爱；前者笃信"非礼勿视，非礼勿听，非礼勿言，非礼勿动"——一切都必须按照礼仪规则行事，后者则主张节用、节葬，拒绝不必要的，尤其是造成浪费的繁缛细文；前者并不以"四体不勤，五谷不分"为愧，而后者则相信"士虽有学而行为本焉"……因此，他们两家发生辩论本属正常甚至很值得期待的事。然而，如果我们一旦考察他们的辩论方式，就实在很让人不是滋味：譬如孟子在评价、反驳墨家兼爱理论时说，"墨子兼爱，是无父也……是禽兽也"，这句话大体可以翻译为：既然你墨子讲求同等地爱人，那么就应该爱他人如爱父母，或爱父母如爱他人，一个视父母如路人的人其实也就是连父母都不要的人。这种人整个儿就一禽兽。当然，为了取得更大的胜利，孟子还没完，末了他还发出号召，"能言距（通拒）杨、墨者，圣人之徒也"。换言之，他老人家还悬了一顶高帽子来引诱更多的人反驳、对抗墨家学说，所谓"圣人之徒"也。

作为贵族或者说自命为贵族传统接续人的儒家门徒尚且用这样的方式来辩驳，出身贫下中农的墨家当然也不甘人后，他们除了采取正规的理论反驳方式（必须承认在这一点上他们比儒家做得更充分）之外，还用显微镜来搜寻儒家诸老的种种"恶行""丑态"，以从根本上否定对方的人格、进而开除对方的学格并拒斥对方的理论。于是，被奉为儒家至圣先师的孔子的某些经历就这样被拿来说事儿，而孔老先生也就这样无辜而无端地被攻击。墨子是这样讲的，"孔某（这个称呼就已表明接下来的话其实与学术辩论没有多大关联）穷于蔡、陈之间，藜羹不糁。十日，子路为享豚，孔某不问肉之所由来而食；号人衣以酤酒，孔某不问酒之所由来而饮。哀公迎孔子，席不端弗坐，割不正弗食"。这段话说的是孔子的两种经历：前面涉及孔子受困于陈、蔡两国的事儿。在那次游历中，由于只能以不见米粒的藜羹充饥，因此当十数天之后子路突然端着酒肉出现时，孔老先生没做任何讲究就立马吞噬起来。后面谈的则是鲁哀公礼遇孔子时的事儿，当是时，老先生凛然强调座席不摆正不坐、肉切得不方不食。老实说，对于有过饥饿经历的人来讲，应很能理解孔子在陈蔡之间的行为；同样地，当饱食终日时，摆摆谱或讲究讲究其实也不是什么错。但墨子讲孔子的这两次经历，当然不是为了让人们去同情或理解孔子当年的行为，他的目的说白了就是要通过这个故事来揭露或证立孔子的虚伪、出尔反尔进而将他彻底打翻在地。因此，他讲完故事后接着就指出："夫饥约，则不辞妄取以活身；赢饱，则伪行以自饰。污邪诈伪，孰大于此？"这是说，孔某人在穷困潦倒时一副丧家犬的德性，而衣食无忧时却又道貌岸然，简直就是十足的虚伪造作。另外，就像孟子末了还作了个总结陈词一样，墨子最后也加了一句，"今孔某之行如此，儒士则可以疑矣"。考虑到墨子"摩顶放踵利天下"（孟子语）的品行，他的这句狠话当然不会是为攻击孔子的人身而攻击孔子，毋宁说，只不过是为了达到驳斥儒家理论之目的而不得已剑走偏锋罢了。申言之，墨子所谓"儒士则可以疑矣"其实还没有把他的本意更清楚地表达出来——他的本意是说："儒士之学则可以疑矣。"

我相信，孟子与墨子的这种隔空辩论，初衷当是纯学术的，但最后却根本超出了学问或学术批评的范畴，与泼妇骂街倒更为接近，所不同者可能仅仅在于表达得更有文化而已——在这种所谓的学术批评中，我们看到的仅仅或主要是对对方当事人的人身攻击，至于对方学术观点能否成立反倒不是重点。说白了，其实不过是道德发飙。或者套用网络青年的话讲，不过是"有文化的流氓"做派而已。

我也相信，其实学术争辩的各方，完全可以心平气和地就对方的观点展开符合学术逻辑的辩驳，而不需要急于给对方扣帽子或划阵营，更不需要把人家的学界先人拿出来攻击；当然，似乎也没有必要仅仅因为人家批评了你的观点，就一定要用显微镜搜索人家的学术不端行为——在中国学术规范远没有成熟之前，也许所有人都经不起显微镜式的考问。

我还相信，作为学者，应当为人第一，论文第二。但如果文章一旦写出，似乎就不应该因人论文，正如就算孔老夫子一生做人反复，也并不应该或可以得出完全否定他的理论之结论；相应地，就算墨老先生一生"理论联系实际"，也未必可以证明他的理论就更高明。

因此，学术打假当然需要，甚至出于泄私愤的学术打假也不是不可以，但如果学术打假主要是因了这样的途径进行，则无疑令人哭笑不得；而如果我们的老祖宗地下或天上有知，他们或许尤为痛心："社会良心"这么高的帽子他们都没戴过，为什么戴上这一帽子的当下学术后辈还像他们一样容不得别人的批评，甚至仅仅是争鸣？

（本文原载《法制日报》2013 年 7 月 31 日）

论文查重是个什么鬼

抄袭无疑是严重违背学术伦理、败坏学术风气因而无可饶恕的行为，对之采取怎样的惩处，都不过分。

抄袭更可恶的地方或许在于，很难证明它的存在，尤其很难确证它的存在。作为一个教员，我深知这一点，但我又痛恨抄袭，所以，我给我的学生提出的要求是：如果你的文章被我怀疑并且仅仅是被怀疑抄袭，那么，你就要向我证明，你没有抄袭。

这个"标准"推行了十多年，直到去年，有一个学生"终于"提出了他的异议："老师，您的怀疑标准是什么？是您的主观感觉吗？如果是，难道您就没有怀疑过您的怀疑？"对此，我的回答是："没错，确实仅仅是我的主观感觉。并且，我从未怀疑过我的怀疑。"

当然，这只是我的台面说辞；私下里，我其实曾无数次怀疑自己的怀疑，因此，我会尝试去查询一些资料来验证自己的怀疑，但说心里话，除了"明目张胆"的抄袭以外，我从没有真正确证过自己关于某位学生论文抄袭的怀疑——对我的怀疑的最有力支撑，真的，就是我的感觉和判断。但令人欣慰的是，迄今为止，我根据自己怀疑提出的抄袭"指控"，基本上最后都以学生的认错、修改告终。

我当然不是来炫耀自己的判断多么准确——事实上，再次强调，当我产生怀疑并"勒令"学生修改论文时，我始终战战兢兢、惶惑不安，此处我真正要关心、讨论的其实是：为了避免抄袭、查证抄袭，除了论文审阅者的主观判断外，还有没有更好的方式？实践中，似乎大家已然默认了计算机查重，譬如"知网查重"：就我个人的观察来看，现在基本上所有学校的毕业论文，各种科研项目的结项论文，以及越来越多的期刊之拟刊用稿件，都会要求作者先行查重并提交查重报告。

以我本人曾经结项的一个课题成果为例，该成果合计字数25.5万，在该成果的计算机查重报告中，显示全文重复比例高达8.9%——你可能无法想象我拿到这个报告，看到这个数据之后的惊讶、尴尬以及恼火：自己辛辛苦苦一年多像挤牙膏似的挤出来的文字，如果被评定为差劲也就罢了，但其中居然有超过两万字是抄袭的?!

后来与学界朋友聊天时提到这个事情，其中一位给出了这样的评价，"计算机固然可能带来'憋屈'，但这憋屈，你其实可以通过进一步的说明、解释，而避免陷入到抄袭指控中"，他接着说，"计算机查重更大的问题在于，只要作者文字功底足够'高明'，那么，他就可以通篇抄袭而不被计算机发现——更可怕的是，此时该作者可以理直气壮地以查重报告为证据来避免抄袭指控"。

相信任何接触过计算机查重的朋友都知道，它确实同时存在这样两个明显的问题：第一，它只是机械的看文字，而无法检索字里行间的思想、创意——我们知道，后者才是一篇文章质量的决定性因素；并且因为如此，进而第二，它很可能在冤枉好人的同时纵容实质的抄袭。

另外，并非完全不重要的是，它的收费标准还不低——一篇

1.5 万字左右的论文，查重费用居然需要近 50 元人民币；而且，每年毕业季还涨价！之所以特别提及这一点，是因为在我看来，如果论文查重真是为了纯洁学术，就应该是纯公益的；或者说，如果它是免费的，我会更有理由相信它不是类似当年"学位证书认证中心"那样的垄断收费项目，而确实只是为了学术的公益项目①。

有人可能会说，它并不会冤枉好人，因为一个根据计算机查重结果被指控抄袭的作者，只要他能作出合理的说明和解释，有关抄袭指控就会被撤销；并且，它也不会纵容抄袭，因为计算机查重并不排除通过其他途径认定抄袭。这种回应看似有道理，但如果真是这样，则我们完全可以问：计算机查重技术岂非并没带给我们任何额外的收益？因为在没有查重技术之前，我们不是也可以通过其他途径来证明、认定抄袭？以及，被怀疑抄袭的作者，不本可以通过自己的解释、说明来避免抄袭指控？

换言之，如果真是这样，则我们就可以说，计算机查重带来的唯一确定增加的，只是如下两项成本：第一，因查重而付出的大量人力、财力和时间成本；第二，认定抄袭的成本，因为一个通过了计算机查重的实质抄袭者可能以该查重结果为自己的抄袭辩护，而为了驳倒这种"证明"必定需要付出更多额外的成本。

有人可能会说，计算机查重的结果，至少可以当作我们进一步查证抄袭的线索吧？毕竟，那么多的论文，如果没有计算机查重，我们总不可能挨个阅读进而发现其中的抄袭嫌疑吧？看上去似乎真是如此，因为所谓"大数据""云计算"技术的吸引力不止是如

---

① 令人欣慰的是，2022 年 6 月 12 日，"中国知网"运营方宣布，有条件开通免费查重服务。当然，即便免费（更何况是"有条件"的）也并不影响本文的基本立论。

此？然而，有这种观点的人忘记了，对待学术论文的正确姿态本就应该是：每一篇学术论文都得到认真而严肃的审阅，而非被当作"数据"进而通过计算机被"处理"掉——再次强调，学术论文中真正有价值的是字里行间的思想、创意，而思想、创意不是数据，也不应该是数据，因此，其也注定往往很难被计算机所把握得到。

另外，从技术上讲，计算机查重的如上"线索"价值也十分可疑。仍然以毕业论文为例：一篇毕业论文要获得通过，至少需要导师、外审专家以及答辩委员会三重审读。一般情况下，如果这三重审读都没有发现一篇论文存在抄袭，那么，"唯二"的可能是：第一，计算机也发现不了；第二，所有三重环节的参与者集体失职。显然，如果是第一种情况，此处不必讨论；那么，如果是第二种情况，计算机有没有发挥价值的空间？个人的判断是，如果学术圈真无能、腐化、堕落成这样，那么，计算机查重同样没有任何意义，因为很显然，在这样的情况下，谁也无法保证通过计算机查重得到的抄袭线索，最终不会被"做掉"。可以说，如果学术圈真"蜕变"如斯，那么，计算机查重的结果大概更可能被用作实质抄袭者的辩护理由，而非被用作进一步的查重线索。

既然计算机查重并没有带来任何额外的收益，而只是徒增成本，为什么还如此受欢迎？是各大高校、期刊或项目基金不知道这些吗？回答当然是否定的，因为如果它们大意、甚或愚钝到连这一点都不知道，那么，它们也就不大可能成为有关社会关系（如答辩者和学位授予单位）中总是相对强势的一方。

对此，唯一合乎逻辑的解释是，通过计算机查重，大家都可以有个交代了。以毕业论文为例：作为该论文的作者，学生因了查重，可以"理直气壮"地证明自己没有抄袭；他的指导老师，则可以在该论文万一被指控抄袭时以之为自己的失职辩护；而该生就读的学校，则当然在今后的各种关于其学生抄袭指控的风浪中掌握了主动权……至于因此带来的如下损失，则自然被大家忽视、无视甚至否视：学术上的笑话——在学生论文是否抄袭的问题上，居然导师、专家的意见比不上只认识"1"和"2"的机器；学术风气上的败坏——变相激励更多的人玩弄文字游戏就可以"创作"论文而无需担心抄袭指控；以及学校行政管理上的懈怠——校方更不会有动力去寻求更好的途径来提升学术伦理水准；等等。

总之，计算机查重对学术和学问，几乎可以说是有百害而无一利。那么，它有没有一点好处？如果跳出学问这个圈子，其好处当然有很多：它可以为某些数据公司创收，它可以为某些地方提升GDP，它可以解决一部分人的就业，它可以间接促进搜索引擎等 IT 技术的发展……基本上可以说，除了对学问没有什么积极影响之外，计算机查重在所有其他领域都可能带来好处。

但问题的关键是，论文查重本来的且唯一的具有内在正当性的目的难道不就是促进学风的改良、进而促进学问的发展?!

【本文原载《南风窗》（网络版）2020 年 07 月 14 日】

司法考试与法学教育

对高校法学教育而言，2008 年是一个重要的时间节点，因为正是在这一年，国家允许在校本科毕业生即尚未毕业的大四本科生参加统一司法考试。这一政策调整之所以构成高校法学教育的节点，是因为它实际上至少在如下两个方面给高校法学教育带来了一定的冲击。

第一，对正常教学秩序的冲击。其中最为明显的是上半年学期的后半段以及下半年学期（现在司考一般安排在 9 月中下旬）的开学阶段，几乎所有报考司法考试的同学都不再认真上课，甚至根本就不出现在课堂和学校（而出现在各种司法考试补习班）。考虑到司法考试的低通过率和高强度竞争，许多报考生实际上早在大三上学期甚至更早时期就开始把主要心思花在备考上。这意味着，对高校法学教学秩序造成的潜在影响，可能在更早的时期就已存在。

第二，对高校课程设计的冲击。由于许多并且似乎越来越多的本科生有志于报考司法考试，因而那些没有被列为必修或限选且没有被列入司法考试内容的课程，竟有渐趋取消的倾向；而那些"有幸"被列为必修或限选但没有被列入司法考试内容的课程，则越来越名存实亡：学生们固然由于学制的压力而不得不修习，然实际上这些课程的课堂却只是"留得住学生的人，留不住学生的心"。

你可能会说，高校法学教育本就应当以培养法律实务人才为主要面向，而通过司法考试又事实上成了法律实务人才的门槛，因此，高校法学教育本就应当服务于法治实践、司法考试；也因此，如上所谓"冲击"更贴切的说法或许是给高校法学教育带来了合理调整的"契机"。

可以肯定，高校法学教育当然应以服务法治实践为主要面向，并且我也不否认司法考试合格确实已经成为高校法科学生有机会服务法治的基本条件，但这从逻辑上并不能得出如下结论：高校法学教育应当围绕司法考试展开；或者说，如果要得出如上结论，还必须至少同时具备这样一个前提条件：司法考试的内容事实上可以在很大程度上决定一个人是否具备足够的能力从事法律实务。换言之，高校法学固应当服务于法治实践，司法考试本身也确实应当保留，但如果司法考试本身并不足以在主要层面上起到筛选法务人才的功能，那么，高校法学教育就不应当围绕司法考试进行。那么，当前的司法考试是否可以起到对法律实务能力的正筛选作用？这一问题的回答取决于如下两个方面：一是法律实务能力是一种怎样的能力？二是当前司法考试的内容是怎样的？

关于法律实务能力，不同的人一定会有不同的回答。但应该说，大部分人都不会否认"法律实务能力是一种实践理性能力"这一经典判断。何谓实践理性？在"伦理学"中，亚里士多德曾将人类智慧分为"实践理性"和"技术理性"。其中，对于技术理性而言，它的最高境界以及最终判准是：严格地落实既定的规则、规律，并达致一个既定的明确目标，如现代工业流水线上的工人对某个零部件的制作就是如此。而实践理性的最高境界则是积极地发挥主体在特定语境中的能动性，达致在当前情境中最具可接受性的状态，最典型的例子则是法律世界中法官对具体规范的适用：对于法官而言，尤其是面对疑难案件时，他或者可能根本没有办法找到可以简单照搬适用的规范；就算侥幸找到了这种规范，他也必须结合案件所涉及的各种政治、文化、社会、经济因素对之作出适当的解释、限定或填充，才可能得出更具可接受性的结论。此时，他越是严格适用先在的规范，就越可能带来争议和非议——所以，康德才会断言："最严格地适用法律，就是最大的不公正。"

那么，怎样的素质才有助于法官对法律作出恰切地加工？可以想见，单纯地对法律规范甚至法学知识本身的熟悉，并不足以保证法官可以恰切地解释、加工法律；换言之，法官必须具备对法律、法学以外的丰富知识和经验。这意味着，好的法官必须具备远超越法律专业的知识和经验，可能也只有在这个意义上，我们才能理解美国联邦法院布兰代斯大法官（Justice Louis Brandeis）的如下广为流传的名言，他说，"一个不研究经济学、社会学的法律人最适合的角色（不是从事法务工作，而）是社会公敌"；同样只有在这个意义上，我们才能理解我国台湾地区法院法官庄来成先生作为一个具有数十年法律职业经验的法官，居然认定"如具备公平正义感及丰富的知识，就可以作法官，如懂法律更好"。申言之，实践理性能力直接取决于主体在特定语境中主观能动性的发挥，而为了达致更好的结果，相关主体不仅仅必须具备当前领域中的专业知识（如法官必须具备法律规范知识），但更重要的或至少同样重要的是，他还必须具备专业以外的丰富知识、阅历和经验。

接下来，让我们看看当前司法考试考核的主要内容。如所知，现在的考题主要是选择题和案例分析题。其中，选择题固定只有一个唯一正确答案（多选题也只有选对所有选项才"唯一正确"）；案例分析题也由于全国统考性质而不得不按照统一标准进行评分。

理所当然地，这些答案的最终直接依据一定只可能是既有的法律条文（涉及法理学、法史学部分可能是既定的通说），因此，一个意欲通过考试的考生，最应该做的备考工作就是：一字不差地牢记相应法条和通说，并且"严格适用"到相关考题中，他对既有法条和通说的任何加工都几乎必定降低他的得分。不难想象，这样的考试内容、方式唯一能考察的就是考生对法律条文知识以及极有限的法学通说的积累程度和记诵能力，至于考生灵活运用法律条文的能力以及法律以外知识的掌握程度，则几乎不予考察。更要命的或许是，作为全国统考，司法考试几乎只能采取标准化考试并划定一定的考试范围，因而几乎无论怎么改革，都注定只能考察如上内容。综合考虑所有这些因素，结论就是：最容易通过司法考试的是"百度"式人才（具备丰富的知识积累和忠实的反映这些知识的能力），考虑到现在"百度"等搜索引擎如此发达（一定超过任何一个自然人的知识积累）并且如此方便，那么，这样的考试可能不仅仅不利于选拔真正具有实践理性能力的法律实务人才，它的必要性甚至也很是可疑。*

至此可以看到，如果高校法学教育确实意欲以服务法治实践为目的，那么，它似乎就不仅不应紧紧围绕司法考试进行，毋宁说，相反它必须更加坚守对学生全面能力、素质的提升，而非单纯地传授极其有限的某部分知识或理论，尤其不应再像中小学阶段那样供给填鸭式教育服务、从而进一步造成对学生主观能动性的禁锢。相

---

    * 必须承认，近些年的一些改革明显让司法考试更合理了。譬如，从 2018 年开始，允许考生带法条进入考场这一改革举措，虽然只是一种纯技术性改革，但却值得大力的肯定。因为它背后的逻辑其实是，司法考试不应该以考查考生的死记硬背能力为重心。但即便如此，选择题尤其是单选题这样的试题仍然注定不可能真正考察出考生的法律实践水平。

应地，司法考试或许也应该从形式、内容以及通过率等方面都作出适当的调整（尤其是提高通过率，把更多地优胜劣汰法律实务人才的空间让给法律服务市场本身），以降低它对法科学生正常大学学习生活的影响，从而还法科大学生们以真正的大学生涯：所谓"大学"，与职业技校（如法律学校）的区别就在于前者不仅仅提供专业知识的传授服务，还提供学生全面素质提升、健全人格养成的平台——可以想见，如果高校法科学生花费太多心血和精力在应付司法考试上，实际上也就是在过一个职校学生的学习生活，因而实际上也就等于辜负了"大学""大学生"这一称号。

当然，你或许还会说，笔者也太杞人忧天了，因为毕竟当前的高校法学教育本也没有紧紧围绕司法考试展开，因此本文根本上并没有什么意义。老实说，我过去也曾这样认为，但去年（2013年）下半年在我国台湾地区一个学期的教学、观察，让我开始越来越动摇对这种判断的看法，因为我越来越担心出现在今天台湾地区高等法科教育中的如下场景：高校法学教育可以说已经为司法考试所绑架。支撑这一判断的逻辑和经验是，一方面，几乎所有台湾地区法科学生都以参加、通过司法考试为学习目标，另一方面，高校法学教育毕竟不可能所有科目都紧紧围绕司法考试设计，即便那些与司法考试紧密关联的科目也不可能紧紧围绕司法考试讲授。在这两方面因素的作用下，久而久之，今日台湾地区竟然出现如下这样的夸张局面：同班同学越来越少地在自己就读的高校教室相遇，相反，却往往在各种司考补习场所成为"同学"。

（本文原载《法制日报》2014年1月8日）

牛津大学访问琐记

今年年初，我以访问学者的身份来到牛津大学法学院。初次目睹她的风采时，多少有点失落，因为在牛津城满眼都是中世纪教堂、城堡式建筑，但此刻矗立在我面前的法学院却是一个现代化的建筑。尽管作为现代化的、火柴盒式的建筑，牛津大学法学院的造型已经很不错了，但与那些承载了几百年历史的建筑以及与她自身的历史相比还是少了些许厚重。

在学校里，图书馆是基本的教育设施，它被誉为"知识的宝库、知识的喷泉""大学的心脏""学校的第二课堂"。因此，在访学期间，法学院的图书馆成了我经常光顾的地方。牛津大学法学院的图书馆藏有很多中世纪的书，有些甚至是全球的孤本，而我仅凭一张报到之后拿到的校园卡就可以借阅，当然有些图书只能在馆内阅读而不能带到馆外阅读。中世纪的英文文本我未必能很好地弄懂，但一想到有机会可以接触到原汁原味的边沁、布莱克斯顿、洛克等人的作品，总不免有种穷极乍富的兴奋。

言归正传，既然是访学，那么在牛津大学法学院的学习经历和体会是应该重点交代的。根据我在访学期间的体验和观察，法学院的课堂形式大概有两种。当然这两种课堂形式无法做截然的划分，因为有些课堂很可能同时具有这两种课堂形式的特点。

一是讲课式课堂。这种讲课形式与国内大部分课堂差不多，就是主讲者在讲台上一直讲，学生在底下一直听。但与国内不同的是：首先，主讲者在每次上课前基本都会给听课者提供足够且极具针对性的信息，这些信息有些可以在网络上查找，有些则直接以打印稿的形式分发。尤其值得提及的是，有些分发材料几乎全是提问，而没有什么论说和主讲者本人的观点。考虑到设计问题或者说提问有时候比回答问题更难，因此，不难想见主讲者在备课时所花的功夫。

其次，它有几种衍生形式。其一，集体讲课制。如"法理学"就集中了法学院的一批大牌教授，他们共同组成一个小组，并且共同商定讲课大纲，然后分别指定给某个老师主讲；其二，双头讲课制。就是由两个老师在课堂上讲，有时候互相辩驳，有时候则各说各话，有时候还轮流接续着讲；其三，竞争性讲课制。即同样的课程（当然只可能是主题相同、而非强求大纲乃至具体内容一致）由不同的老师主讲，如"法律与政治理论专题"就分别由法学院院长蒂莫西·恩迪科特（Timothy Endicott）教授与约翰·菲尼斯（John Finnis）教授共同开设一个课堂和一个年轻教师斯塔夫罗伯洛斯（Nicos Stavropoulos）单独开设（当然，也许可能有更多个）一个课堂，供听者自选。

读者可能会觉得，这种做法万一把谁给比下去了，那多丢人？对于这个问题，我的观察及理解是这样的：一方面，这些教师并不以成为公平竞争的输家为羞，或至少没有我们这么看重——当然，这首先以他们具有更合理、成熟的一套教育评价机制为前提，如果被比下去就意味着开除、失业，估计他们也很难这么淡定；另一方面，一般来说，既然敢与其他人开设同样的课，自然就应当泰然承受相应结果；更重要的也许是，一个敢于开设与他人同样课程的人肯定也有几把刷子，因为即便他不怎么在乎输赢，也断不会以直奔羞辱为开课目的。这也就是说，实际上这样的课堂往往是各有千秋，因此很难简单论断输赢。

以"法律与政治理论专题"为例，看上去由院长蒂莫西和菲尼斯教授（此君曾与哈特、拉兹、德沃金论战，并且因此奠定"江湖大佬"地位）开设的课，不肯定把另一家比下去？其实不然，因为另外那个年轻人斯塔夫罗伯洛斯也是"来者不善"，他是拉兹（新分析实证主义法学代表）最得意的弟子，毕业后留校任教。事实上，从分发的材料来看，说实话，我个人真的觉得他的东西更"锐"。

二是讨论式课堂。国内一些高校的课程也有讨论课，但在细节上，牛津大学法学院开设的讨论课与国内相比有诸多不同：其一，它的具体形式要比国内多，譬如有的讨论课由老师作很短的主旨宣示，然后由同学挨个发言，有时甚至也像国内部分老师那样挨个点名发言；有的讨论课则由老师主发言，然后听者竞相评论，并且主要是批驳意义上的评论，而如果一旦没有人愿意评论，则大家即作鸟兽散，而不管下课时间到了没有；有的讨论课则是双头制，即两个老师互相发言、辩驳，然后听者再随机加入。其二，几乎每一位发言者都言之有据，并且大部分发言都言之有物，从中可以明显感觉到上课前的充分准备。谈到这里，忍不住插播一点儿感慨：一个听众认真准备一门课不难，难的是每门课都做足课前准备工作。为什么发言者有如此的热情和认真劲儿去准备每门课的发言？这除了从小养成的习惯外（他们大概从小学二三年级开始就会被要求自己检索、准备材料），同样重要的可能是这样一点，即所有讨论者尤其是老师都是非常从容并且几乎都面带笑容地发言，而这无疑让大家可以更轻松地讨论严肃的话题，进而当然也就更乐于发言。

在这样的课堂氛围中，我个人的感觉是，一个人如果不发言，简直就是犯罪！

按照我原先的想象，估计国内很多学者也有类似的想象，大概国外的课堂气氛很活跃，并且学生的积极性很高，因此，他们推崇的可能主要是讨论式课堂。或者说，讲得好、受学生欢迎的课大概主要是讨论式课堂。但现在看来，至少牛津大学法学院不是这样的。牛津大学法学院有一个大阶梯教室，大概可以同时容纳一百多人听课，这个教室主要是用来举办重大活动（如教授就职仪式），但也有些大牌教授的课在这里开设，以方便更多的听众听课，而恰恰是这样的课堂采取的是讲课形式。相反，我曾参加过一个讨论式课堂，主讲者宣讲完了之后，环顾四周，大家一片寂静，然后他就很愉快地宣布"下周见"。当然，我并不是说讨论式课堂要比讲课式课堂差。我举例意在说明，采取哪种形式授课与授课的质量并没有必然关联，尊重授课者的个性、选择也许是最好的制度选择，而没必要"一刀切"地认可某种讲课形式，甚至也没必要去鼓励某种讲课形式。

（本文原载《法制日报》2011 年 5 月 23 日）

法律哲学与牛津的法学学术传统
——牛津大学法学院院长梯莫西·恩迪科特教授访谈

> ● **作者按** 2011 年 5 月底，本人借跟随牛津大学法学院院长梯莫西·恩迪科特教授作访问研究的机会，在他的办公室就其个人学术旨趣及牛津大学法学院的几个方面进行了一次简短且友好的交流。现摘其要，以飨读者。需特别说明的是，本访谈与烟台大学法学院副教授程朝阳博士合作完成——当时，他也正好跟随梯莫西教授作访问研究。

问：近些年来，法律与语言研究在中国也越来越受人关注。一些重要的法律语言研究专著也被翻译成中文出版，包括您的《法律中的模糊》（*The Vagueness in Law*）一书在内。对于法律与语言研究在中国的兴起以及相关动向，您是怎么看的？

答：对中国学者在法律与语言方面的研究，我知道的不多。但是我的确知道你所说的，法律与语言领域已经成为中国学界研究的焦点，因为我经常会收到来自中国方面的邀请，邀请我就法律中的模糊性问题做讲座或做评论，发表意见。我的《法律中的模糊》也在中国被翻译出版。我曾经受邀在中国社会科学院就法律解释问题做过演讲，因此我知道中国法学研究对这些问题感兴趣。关于中国法学界的这一研究动向，我知道的不多，但是我认为它很有前途和希望。我认为模糊性问题的最有趣的部分在于：当法律是模糊的时候，一个社会如何还能够实现法治？我之所以认为这个问题有趣，是因为法律不得不模糊，你不可能运用精确去规制一个复杂的社会。有些时候你需要精确的法律，比如车速限制规则，或交叉路口的红灯设置等。它是精确的，因为它告诉你就在这里将车停下，不是大约在这里，而是刚好在这里，因此它是精确的。有些时候我们也需要模糊的法律。当政府和公民之间或两个公民之间发生冲突的时候，我们也需要能够解决争端的法院。此时，与法治有关的有趣事情是，当法院所使用的法律是模糊的时候，当法律没有告诉法院该怎么做的时候，我们如何能够实现法治。

问：众所周知，牛津大学法学院以其出色的法学理论研究著称于世，从牛津走出了一批杰出的法哲学家。您能否给我们简单地描述一下牛津大学或牛津学派的学术传统及其发展近况？

答：在牛津过去的 50 多年中，一如你所言，的确有一些十分有趣的法律思想家曾经在这里工作过，那是因为哈特的影响所致，不仅仅是因为哈特是当时最伟大的法哲学家，我认为他的理论也存在一些错误，但是他的的确确为人们开辟了一种全新的方式去思考法律，思考法律哲学。他是一个好老师，他是一位原创的思想者，他提出了一些新的问题，让其他一些人都想来到牛津向哈特学习，和哈特争论。罗纳德·德沃金、约瑟夫·拉兹、约翰·菲尼斯等即是这些人当中最著名的。他们每一个人都向哈特学习，但每一个人又都与哈特有着深刻的分歧。这些都已经成为牛津大学法学传统中十分重要的一部分。而今，牛津大学的法理学和 20 世纪 60 年代相比有很大的不同。我们拥有世界上最庞大的法哲学家群体，他们影响了牛津大学的法学研究进路，甚至对那些不是搞法哲学的人都产生了影响，使得他们接近自身研究问题的进路比其他法学院的老师更具理论性。总之，法律哲学已经定型为我们牛津的学术传统，并一直延续至今。

问：近年来，在高等教育领域，中英之间一直保持着良好的合作关系。作为牛津大学法学院院长，您对中英两国的法律教育和法学研究合作有何具体计划或进一步的设想？牛津大学法学院是否会接纳更多的中国学生和学者？

答：在牛津法学院，我们有一组员工专门负责和中国的合作，他们正在制定相关计划。但是我相信，从现在起的一年以后，我们会有一个具体的计划和方案。我们现在正在制订这一计划。这一计划包括要求给更多的中国学生、学者发放签证，也包括给牛津学者去中国的签证，还包括筹建牛津大学中国校友会，将那些在牛津大学学成之后回中国工作的学生组织在一起。我们现正着手酝酿这样一个计划，但我们还没有完成。是的，将来，法学院会招收更多的中国学生和学者。就目前的情况看，每年来自中国的申请很多，但是因为语言的原因，我们实际接受的却很少。在这一点上，我们十分严格，在工程或数学学科领域，他们对语言的要求不是太严，因为他们不需要和学生做太多的口头交流。所以，我们想吸引更多的学生，但是有两件事情我们必须面对：第一，我们必须想办法克服语言上的问题；第二，在制订计划的时候，我们想找到更好的方法去教中国学生。我们正在考虑设置一些专门针对中国学生的课程。在访问学者方面，我们总是对他们敞开大门，只是我们的条件有限，希望将来我们能为访问学者提供更好的条件。

（本文与程朝阳合作发表于《人民法院报》2011年7月1日）

法学院有什么用

1886 年 11 月 5 日，有一位老人家在一次聚会上说，"没有法学院可以教你成功。成功源自于一个人的天赋，而非教育，正是前者中的意愿和其他各种成分，给予了一个人以优异的特质；甚至可以进一步说，如果通过一个人的这些天赋需要借助外界的建议方能导向成功，那么，法学院也无法给出这些建议"，总之，"你不能通过教育的方式造就大师。大师通过他自己的天赋自我塑造"。

这老人家是谁呢？又是在什么场合说这话的呢？他是不是想要砸法学院的场子？这老人家就是鼎鼎大名的霍姆斯大法官，说这话的场合则是哈佛大学 250 周年校庆——所以他当然不是为了砸法学院的场子，换言之，这确实是他的肺腑之言。那么，霍姆斯的这个判断有没有道理？

如果我们接受霍姆斯的这个判断，那么，一茬又一茬的青年学子花这么多精力、时间考来法学院并将接着花费好几年时间精力在法学院又是为了什么？或者换句话说，法学院到底能够并应该做什么？霍姆斯说，"与自学不同，社会化教育的主要功能在于塑造受教者的新兴趣和新路向。如果你给予一个人一种更深刻且不同的观照事物之方式，或者给予他对于早已熟知的事物一种不同形式且更微妙的兴趣乃至欣喜"。看起来，至少根据霍姆斯的观点，法学院能做的实在过于有限；但如果仔细思量，如果法学院真的能够引导、教会它的学生以"思"的态度面对一切，引导它的学生学会审思、重思、反思、否思这个世界给予他们的一切；更具体地讲，是引导它的学生用法学的视角去审思、重思、反思、否思一切，那么，它还有必要教会学生其他的吗？

你可能会说，一方面，"思"的能力建立在对大量相关专业知识掌握的基础上，因此，法学院首要的任务仍然应当是专业知识的传授；另一方面，如果法学院真的仅仅只能引导学生学会"专业之思"而无法保证它的产品——毕业生——成为优良的法律职业人，那么，它的投入产出比就将始终没有哪怕起码的保障；进而实际上也就意味着法学院的存在没有很大的合理性基础。也就是说，无论从学习本身的内在逻辑还是对法学院进行评判的角度看，都注定法学院如果不能传授专业知识，如果不能保障它的"产品"成为优良的法律职业人，而只能引导、培育它的学生的"专业之思"能力，那么，无论如何也有理由谴责法学院做得实在太少了。

在霍姆斯的那次讲演中，他并没有对如上可能的说法作出预先的回应，因此，对霍姆斯前述判断的赞同者，譬如说笔者，就有必要给出相应解释。在给出回应之前，我们不妨先转到如下关于法律活动的经典论断上："法律活动乃一种实践理性。"略显吊诡的是，这一论断一方面得到了几乎所有人的赞同并且被许多人所反复宣扬，但另一方面，这些认同甚至宣扬该论断的人本身似乎并不清楚它到底意味着什么，因为同样是这些人或这些人中的相当一部分，正质疑法学院为什么无法保障它的产品成为优良的法律职业人。

不难想见，此一论断之所以不好理解，主要是因为其中的"实践理性"一词。从较为学术或书生气的角度看，"实践理性"是与

"技术理性"相对的一个范畴，是对人类处理各种问题时所具备的能力或所使用的方法的抽象界分。大体上看，技术理性乃是实现某种一般的规范或范式作为能给予我们的材料和工具的最好规范或范式的理性，它具有可规律化、确定性、可通过语言传授、进而可机械应用的特征，当然，它也存在明显的外在且预先之判准；相应地，实践理性则是一种关于一般规范就某个个别情况如何可被给予具体内容的知识，因此它所意欲的结果也不能先于该具体情况而给定，也因此，实践理性与技术理性可以口耳相传地传授不同，而必得仰赖此种知识的运用者在具体语境中主观能动性的发挥。这也就是说，实践知识则具有不可精确性、可意会而不可言传性、不可机械应用性并且也很难完全规律化的属性，因而也往往没有外在的判准。

很显然，在法律的领域内，一如在所有其他的领域，亦同时包含着对如上两种理性的运用：其中，主要具有技术理性意味的是对各种"死"专业知识的掌握的部分，如对法律基本概念、术语的掌握，对法律原则、规则内容的掌握等；而典型的具有实践理性意味的则主要涉及对法律的实际运用，这尤其体现在针对具体案情而灵活解释已被给定的法律规范之过程中。

为了更好地说明法律领域内这两种理性的关系，我们不妨以厨艺为例进行类比：在这类活动当中，食谱上的知识（如红烧带鱼应当使用什么样的原料）是典型的技术理性运用之领域，一个人只要识字就可以熟练地进行掌握。一般来说，一个人如果不具备这种理性并掌握了相关知识，他（或她）将很难烧制出一盘美味的带鱼，但这并不意味着只要他（或她）具有此种理性就可以成为一个好厨师，因为他（或她）还必须甚至更重要的是具备另外一种主要具有实践属性的厨艺，即如何将这些原材料炮制为红烧带鱼的理性。此种理性涉及到对各种相关因素——大到天文地理（不同气候、水土环境下有不同的火候、佐料要求）、人文习惯（不同的人对鱼的味道有不同的要求），小到刀功（不同大小、季节的带鱼要进行不同的取料）、火候等——的"适度"把握。在厨艺当中，至于何谓"适度"，以及如何才能达到"适度"的要求，将主要取决于厨师自身的相应天赋及领悟能力，而与传授者本身以及传授过程尽管有一定关联但却并没有根本的关联。在这一点上，法学院与它的受教者之间存在的其实也是这种关系：一个法学院的受教者能否成为一个好的法律职业人根本上取决于他（或她）自身的天赋以及领悟能力、而主要不与所受教育相关。更重要的也许是，到底红烧带鱼做成怎样才是"好吃的"，本身并没有一个通用、"客观"的标准，毋宁说必得结合具体语境中的各种因素才可能找到一个仅适用于该语境的标准，如老年人可能会觉得炖得烂的才是"好吃的"，而青年人则未必认可这一标准。

如果考虑到所谓杰出法律职业人正是那些善于追求"好"的法律实践结局的人，这意味着不是具备技术理性而恰恰是实践性突出才从根本上决定了一个人能否成为一个杰出的法律职业人，则我们可以得出这样一个结论：由于法律教育，尤其是学院式法律教育注定只能主要传授的是可以言传的技术性知识，而很难从根本上"教会"，甚至直接"给予"它的学生以高超的实践理性——对于实践理性能力的提升，法学院充其量只能引导、培育。

至此，考虑到在这个知识大爆炸的时代，对于主要具有技术理性意味之"死"知识的掌握注定"永无止境"；再考虑到在这个搜索引擎高度发达的时代，对于主要具有技术理性意味之"死"知识的掌握可以很容易地借助现代科技工具进行，那么，法学院就实在没有理由把这一块当作自己教学的首要任务。而一旦我们清楚了法律活动所主要具有的恰恰是实践理性之意味，并明确了"实践理性"本身的意味，那么，我们还有什么理由奢求法学院的产品一定应当是优秀的法律职业人？

所以，霍姆斯并没有低估法学院的功能，毋宁说他只是道出了法学院实际上所可能具有的功能：引导、培育学生的"专业之思"，进而助推学生的实践理性。这虽然也许会让一个本来对法学院期望更高的人略显失望，但一方面，事实本身不总是往往比愿望"差"？另一方面，也是更重要的是，认清这一点是一个法学院谋划今后发展甚至是一国教育主管部门设定法学高等教育今后改革目标的基本前提。

最后，也许有必要明确的是，霍姆斯在哈佛大学 250 年校庆上的这个讲演，后来被视作关于大学教育的经典文献并被冠以"（法）学院的功用"（*The Use of Schools*）之名，收入到包括他本人的纪念文集在内的很多英语杂志、书刊——如果你愿意，对于这篇"死"文字，完全可以在网络上尝试搜索并进行阅读。

（本文原载《法制日报》2011 年 10 月 26 日）

貌合神离的英美法

习惯上人们一般认为，整体上看，欧美世界存在两大法系：一是以英国普通法为基础的英美法系；另一是以罗马法为基础的大陆法系。这种认识似乎已经是个定论，因此，如果有人跑到英国，去告诉英国人，"你们的法律与美国法不像，毋宁说与欧陆法才更像"，那么，很可能甚至都无法引起嘲笑意义上的关注；而如果有人居然跑到牛津大学，当着拉兹（Joseph Raz）、菲尼斯（John Finnis）以及诸多的哈特（H. L. A. Hart）之徒子徒孙、拥趸的面说，"不仅仅英国法更像欧陆法，而且以哈特法理学为首的英国法理论也更像欧陆法理论，并且也正因如此，又反过来加强了英国法的欧陆气质"，那么，这个人很可能会被认为是一个疯子。

当然，如果这人是被牛津大学克拉林顿（Clarendon）出版基金盛情邀请，如果这个人还是当年"牛津大学年度法律系列讲座"的第一人，如果这人是波斯纳（Richard Posner），那么，可能就不会被轻易认为太疯狂或太不值得关注。1995 年 10 月，正是波斯纳，正是基于克拉林顿基金邀请，并且，也正是作为牛津大学年度法律系列讲座的首位开讲人，在牛津系列讲演中提出了上面的观点。

波斯纳的这一系列讲演（一共有三个），后来被克拉林顿出版社结集并以《英美两国法律及其理论比较》（*Law and Legal Theory in England and American*）为名出版。按照这本书的记载，波斯纳主要从这样几个方面对他的判断进行了证立：首先，盛行于当下英国的以哈特分析法学为主流的法理论具有典型的欧陆风格；其具有建构化、概念化和立法主义进路，相应地，美国法理论就不是如此，譬如说德沃金（Ronald Dworkin）的法理论，尽管后者也如哈特一样探讨法律的概念问题，但却显然更多地站在司法立场进行理论的构建，并且也更贴近判例法的实践。

波斯纳还指出了一个有意思的现象：在哈特的《法律的概念》这一作品中，无论是 1961 年的首版还是 1994 年的新版，在关键词索引部分居然都没有收入"common law"（普通法）一词。波斯纳对这个现象作了这样的判断，"普通法及其实践对哈特法理论而言，根本就是个尴尬"。

在波斯纳看来，当英国的哈特们把一个国家的法律看作是由一个个等级分明的规则组成之体系时，实际上与欧陆法学家关于法典法的论说就几乎没有什么区别。对波斯纳来讲，更重要的也许是，此种法理论尽管不像美国法理论那样关注普通法实践及司法过程，但却并不游离于英国的法制现状之外，毋宁说，它恰恰忠实地反映并紧密地关联着后者，因为唯有这样的法理论，才能贴近英国法制实践中的中央集权以及法官的职权主义（法官在庭审过程中扮演着远比美国当事人主义模式中法官更加积极、主导之角色）特征，也才能反映出英国法制实践所具有的一如欧陆法法制实践的"立法中心"（法官无法抗衡立法权）倾向，进而也才能与英格兰法官、律师的职业状况相符。

那么，英国的法律职业状况如何？具体讲，与美国相比具有怎样的不同？波斯纳认为，美国的法官是半路出家型的（lateral），而不像英国的法官那样是终身制的（career）。终身制法官与半路出家型法官的不同就在于：第一，由于它不是民选的，当然也由于传统以及其他因素的影响，所以，法官在其他政府权力前面总是只能表现出消极的面向，而美国法官显然不是如此。一般而言，美国各州法官由民主选举产生，而联邦法官则由总统任命并得到国会确认（因而也带上了民选色彩），也正因如此，所以美国法官才可能行使违宪审查权，并且因此美国才能形成大体均衡的三权分立格局。与此同时，第二，英国法官在司法诉讼过程中却又明显占据着主导性的、积极的、介入式的角色，相对应地，则绝少有美国法官愿意这样刻画自己的形象。所以，波斯纳指出，"如下情形的产生并非偶然：美国比英格兰以及其他欧洲国家拥有更多的民选法官；与英格兰以及其他欧洲国家不同，美国在私法案件中也仍然使用陪审团；不像英格兰法官，可以自由地支配陪审团采信证据，美国法官在刑事诉讼中对陪审团的控制力更小；美国的律师比英国的律师更加独立，并且比英国的更加强悍。行政与立法权的属性强化了采取措施——如民主选举以及陪审团的真正独立——来限制中央集权的需要"，并且正因如此，相对而言，不仅仅英国法理论更像欧陆法律理论，并且"英格兰司法也站在了欧陆一边"。

就律师职业方面来看，按照波斯纳的观察［波斯纳到英国后曾先后拜访了包括英国高等法院（High Court）在内的数个法院和法官，并旁听了几个案件的审理］，英国的辩护律师（barristers）与美国律师有很大不同，在实际的执业过程中，与其说他们是律师，毋宁说他们更像法官助手或初级法官（junior judges）：首先，他们的执业完全依赖于法官们的好感，而正是这些法官却又坚持认为律师扮演的本就应当是司法审判活动的助手角色。为什么会如此呢？波斯纳的解释是：第一，法官以及辩护律师的数量太少了。辩护律师与代理律师（solicitors，当事人必须通过代理律师才能聘请辩护律师）的分化以及尤其是只有辩护律师才能出席高等法院、上诉法院以及上院上诉委员会进行辩护等原因使得辩护律师的数量不可能太多。这样一来，同样的辩护律师就将总是反复在同样的法官前面出现，因此，如果一个辩护律师不能在初次执业过程中赢得法官的好感，考虑到一个法官对他的恶评可以很容易地在数量如此小的法官群体中散播开来，则不难预见，他的整个职业生涯都将可能一片黯淡。可以说，一个律师只要引起了一个法官的反感，那么，他就将从起点上成为这个行业中的"贱民"。第二，在英国，法官职业本身对律师就有一种尊荣感和吸引力，这使得律师总是或多或少有进入法官队伍的冲动；另外，作为一种自由职业，辩护律师当然不享有任何社会化的养老保障，因此，当辩护律师渐渐老去，产生能够进入法官这一可以领取养老保障之行业的想法也无可厚非。而律师们要进入法官队伍，只能依赖于法官们的好感，因为正是后者握有是否遴选律师成为法官的决定权。

当然，波斯纳也从其他方面，譬如说国民性以及国家政治法律文化传统方面论述了为什么他认为英国法更像欧陆法。他说，"长期以来，人们都认为英格兰是这样一个国度：其中，整个社会紧密关联着阶层分化以及顺从观念，而社会阶层也在整个社会运作中扮演着比在美国社会中重要得多的角色。当然，在我看来，不仅仅英格兰如此，总体上看欧洲更不用说包括日本在内的东亚，阶层观念、社会地位观念、顺从观念等在社会运作过程中都扮演着比在美国社会中重要得多的角色。一个具有顺从观念的社会更倾向于相信政府官员，这对于法律体系具有多种意味：首先，这种社会更适于接受国会内阁式的中央集权式的政府架构，而非美国式的权力分立模式"。

总之，按照波斯纳的分析，我们大体可以说：或许英国法与美国法曾经是一家，但却已经开始渐行渐远。

最后，让我以一个小故事结束这篇短文。

2011年5月底，我与牛津大学法学院院长梯莫西·恩迪科特先生曾聊起过波斯纳的这一系列讲座。一向温文儒雅的梯莫西居然对该系列讲座连说了三次"terrible"（糟糕）！想必梯莫西对波斯纳的如上观察、判断很不以为然。当然，尽管梯莫西贵为院长，我们也未必一定要支持梯莫西的判断。

那么，波斯纳的观点到底能否击破我们现在关于英美两国法律一家亲的认识？在我看来，其实这并非是最重要的，重要的是：波斯纳作出了一个与众不同的判断，并且确实提出了一系列论据，而且至少看上去可以说"言之成理"。先贤讲，"吾日三省吾身"。做人如此，其实做学问又何尝不应如此？在我们现有的理论中，有多少所谓的通说、共识、权威观点其实是大可怀疑却因为大家的"不思"而一直矗立在那儿？从这个角度讲，即便波斯纳的结论真的"terrible"，也未必意味着波斯纳的努力本身不值得尊重。

（本文原载《法制日报》2011年8月17日）

科学与解释

今天我要跟大家交流的是：凡是科学的，就真的一定是客观的因而一定更理性、可靠吗？我的回答当然是否定的，否则我今天也没必要来了。我必须要申明的是，我不觉得我现在不冷静或不理性。那么，我为什么对这个问题这么肯定地给出否定的回答？让我们先来看看关于科学的根本"迷思"（myth，当然，更符合现代汉语表述习惯的翻译可能是"神话"）。

一、"科学即客观"是典型的神话

先从我自己的专业说起。我的专业是法哲学。在中国，这个学科一般设置于法学院，但在欧洲大陆以及在美国、英国的大学或科研机构，这个学科有很多是设置在哲学院的。当然，无论由什么学院设置，这个学科的使命都是一致的：那就是从哲学层面观察、分析、思考、追问法律运作过程中的问题。

可能大家都听说过这样的说法，并且我猜想绝大部分人也赞赏这样的说法，那就是法官（或其他什么法律人）在办案过程中应当讲究"铁面无私""铁证如山"进而把案件办成"铁案"。为什么要"铁面无私"？其内在逻辑应当是：如果有私，就会带上主观性，就无法客观地裁断事实进而给出客观中立的裁判结论——或者关涉着我们今天的主题，就不够"科学"。那么，如何追求"铁证如山""铁案"？面对这一问题，"科学技术"重新隆重登场，所以在法律运作的过程中，各种物证技术、鉴定专家简直就成了正义的化身，并且主要因为他们顶着科学技术的名号，还似乎显然比法官赢得了更多人的信赖；相应地，如果诉讼某方能拿到物证专家，譬如李昌钰博士的鉴定结论，那么，大概他就是必胜，并且是应当必胜的。我要说的是：第一，所谓"无私"本身不过是一种"私见"或"私人观点"而已，有什么绝对的理由能证明"无私"就一定比"有私"强？譬如说面对叛国分子，无私也即没有秉持特定立场的法官得出的审判结论就一定更公正吗？更进一步讲，所谓"无私"有无可能？也就是说，一个人可能做到无私吗？第二，所谓"铁证"，它根本上忽略了证据之所以为证据除了客观性以外，还必须建立在合法性和关联性基础上，而后两者很多情形中是无法用科学证明的；与此同时，由于案件是过去发生的，而过去不可重现，我们能收集到的一定只能是过去的片段，因此，所谓案件事实就一定只能是我们根据这些片段去回构——所谓"回构"，怎么可能是"铁案"？第三，法官所面对的"事实"不是赤裸裸的事实，而是被赋予了某种意义的事实。你物证专家固然可能可以在某种程度上证明一个事实的发生，但那对于法官而言并不意味着什么。譬如说，在一个杀人案中，物证专家可以证明：第一，现场有一把刀；第二，刀上有嫌疑人张三的指纹；第三，刀上有被害人的血液；第四，被害人身上的刀伤与刀吻合；第五……但这些对法官来说或者对于最后的判决结论来讲，几乎什么必然也不意味着，因为通过如上物证——我们先暂且假定这些通过科技认定的物证本身万分之万可靠——我们去回构案件事实，完全可能回构出不同的案情：有可能是张三砍了伤者；但也可能是伤者自残，然后张三其实反而是为了阻止伤者，当然，肯定还有很多种其他可能。进一步讲，即便通过更多的物证可以万分之万地认定就是张三砍了伤者一刀，也不意味着法律上张三就一定需要负责，因为有可能张三是在正当防卫，有可能张三是精神病，有可能张三不过是履行合同（譬如说外科手术），有可能是意外事件……当然，更重要的也许是，物证技术本身也有内在的问题，也就是说，它并不能保证万分之万的可靠。关于这一点，后面讲到自然科学的问题时会作进一步的交代。

再来看看社会学和经济学。在座的诸位可能知道，有人曾经主张把法学开除出社会科学的阵营，因为正如我刚才指出的，作为法学研究对象的法律运作过程充盈着主观性。但迄今为止，我尚没有听谁说过经济学或社会学不是社会科学。为什么没有人作这样的主张？原因就在于，经济学和社会学都拿数据、拿事实说话，而数据——除非一个学者故意造假——是客观的，所以当然是科学的，或至少是"更科学的"。我要说的是，这是又一个神话。这个神话的核心在哪儿呢？就在"数据是客观的"上。为什么"数据是客观的"是神话？这个问题，我先留着。

接下来我们来看看历史学。这个看起来是彻彻底底地拿事实说话的领域。所以，最近河南那个"曹操墓"的考古专家们——包括力挺派和反对派——都宣称，不管它是不是曹操墓，都一定要用史料、用历史证据说话，要拿出一个经得起历史考验的结论。我要说的是，我不反对以这个为追求，但所谓"经得起历史考验的历史结论"一定是个神话。为什么呢？这个问题，我仍然先留着。

我前面在谈及法律问题时提到了物证技术，物证技术当然属于自然科学领域；我并提到了物证技术有内在的逻辑问题。我现在要说的是，所有科技，至少是所有现代科技都有内在的缺陷，这个缺陷是什么呢？在回答这一问题前，我们先来看看现代科技的几个特点。我的考察当然不会全面，因为我既没有这个自信，更重要的是我也没有这个追求，但我相信，现代科技至少应当具备如下几个特点：普适性、客观性以及与客观性相关联的可经验性。所以，西医认为中医是巫术，其原因就在于：第一，中医不具有普适性，同样是咳嗽，中医可能甚至可以说应当会给不同的病人开不同的药。第二，中医拿不出经验也即客观材料来证明其效果。我曾请教过一位牛津 Radcliff 医院的专家（这位专家也是牛津大学的博士研究生导师）这样一个问题：为什么西医不承认中医？他的回答是：因为每次临床实验，中医疗法都无法获得一个稳定且普适的经验性结论。可以说，现代科技的魔力之源就在于客观或者说他可以保证一个客观的结论。但现代科技的问题也恰恰出在这里：我们，或任何一个、一群科学家，能经验到的对象可能是完全客观的吗？而如果他的研究对象本身就是不客观的，又怎么可能保证研究结论的客观？你知道，我对这两个问题的回答肯定是否定的。当然，理由我仍然先暂时不交代。

总之，如果假定我已经给出的关于法律领域没有完全的客观性以及我将要给出的其他科学领域也没有完全的客观性之理由是可接受的，那么，就完全可以说：现代科学其实也不足以保证完全的客观；相对应地，现代科学当然也没有资格"一统江湖"。

二、科学的主观性

我们前面已经提到，现代科学的撒手锏是"客观"：不仅仅自然科学如此，那些不被人怀疑的社会科学，如经济学、社会学、史学，也是如此。因此，如果我们可以证立现代科学存在主观性以及这种主观性的不可避免，那么，我对前述那两个问题给出否定的回答就是可接受的。

让我们从如下几个方面来看看蕴含在现代科学中的、不可避免的主观性。

首先，从逻辑上讲，科学结论的客观性建立在研究对象的客观性基础上，而所谓作为科学研究对象的某一事物是客观的，其前提应当是该事物完全外在于相关调研主体之主观预期或要求。"可惜"的是，至少就我们所谓的科学研究而言，并不存在完全与调研主体主观欲求无关的外在对象。这是因为，任何所谓"对象"，从逻辑上讲，本就是相对"主体"而言的，而所有主体的根本属性又恰恰在于主观性。以社会科学中的所谓实证调研为例：如果调研主体没有一定之目的，调查材料就只能是一盘散沙，并且一定具有多个可能的面向——而在实证者的研究视野中，这些材料恰恰是有序的，并且恰恰也仅仅被突出某个面向。为什么对社会学家或经济学家来讲，那些外行人看起来一团麻的经验是分门别类、条理清晰的？这主要是因为，当这些科学家去观察相关经验时，就已经不自觉地对这些经验进行了隔离、分类、加工。可以说，任何调研，都一定需要对"对象"进行有意识地隔离、分类、加工，而所有这些本身其实就已经意味着对对象的主观化处理。

我这里可以举一个具体的例子。美国 20 世纪七八十年代曾有数位经济学家发起了一个调研，这个调研的目的是什么呢？想要证明律师越多，社会越乱，经济越停滞。换言之，想证明律师的多寡与经济社会的健康与否成反相关关系。他们在律师人数以外罗列了很多数据：譬如说失业率、经济增长率、人均寿命……最后，他们

"如愿以偿"：在所有被调研的内容当中，几乎都指向他们的结论；尤其值得他们"高兴"的是，同样课题的调研经由不同的课题组得出的结论几乎完全一致①。

我个人觉得，没有理由怀疑这些经济学家们的真诚，也就是说，我并不认为他们会有意作假。但我还是认定这个调研有问题，而其根源恰恰就出在经济学家们把调研对象的主观化过程中。我认为，如果这些经济学家邀请一个搞法学的人，譬如说我，参与他们的调查问卷的设计，我一定会提醒他们除了应当调研经济学家认为重要的那些经济社会指标外，还有诸如防止污染、监督防止滥用职权、预防违法犯罪以及其他对社会经济潜在影响的因素考虑进来——这些因素的特点是，它无法在"账面"上反映出来，但却实实在在地影响着经济社会发展；并且，它往往不容易为经济学家所重视，却被法律人看作是相当重要的因素。举这个例子当然不是为了说明法律人的看法就一定可取，我要说明的仅仅是：调研者的预期和视野会自觉不自觉地主观化他的调研对象。也正是在这个意义上，我们才能理解加达默尔的那个著名论断。他指出，在统计结论中，"没有一种陈述不能被理解为对某个问题的回答"。同样在这个意义上，我们才能理解罗素（B. Russell）的如下说法，"通常有某种假说是收集事实的必要先决条件，因为在对事实的选择上，要求有某种方法确定事实是否与题有关。离了这种东西，单只一大堆事实会让人束手无策"。

社会科学如此，自然科学的对象当然同样如此：一个满脑子糨

① 关于这几个调研，更为详尽的情况科研参见：Richard A. Posner, *Law and Legal Theory in England and American*, Oxford：Clarendon Press, 1996, pp. 92 –93.

糊的人为什么不会成为一个自然科学家，却只有那些站在前人肩膀上的人才能取得更大的科研成就？其原因就在于，只有后者才具有一定的研究基础，而这个研究基础一方面固然让他的研究得以成功地展开，另一方面不也正使他在研究过程中只能注意到他的基础告诉他应该注意的东西？至此，我们可以借用科学哲学家库恩（T. S. Kuhn）的话来总结本部分分析，"更直截了当地说，独立于理论之外的事实是不存在的，因而所有理性的人都必须接受的独一无二的观察、分析、解释世界的方法也是不存在的。我们当然可以比较相互竞争的不同理论，但我们手上并没有客观的尺度"。

当然，你可能并不为我上面的分析所打动，而仍然认定对于科学家而言，外在且完全客观的世界是存在的。在我看来，就算如此，也还是不足以得出结论说科学可能是完全客观的。这涉及了我们的第二步分析，其次，调研主体无法把握到客观事物本身。我们现在假定，对科学家而言，外在且完全客观的世界是存在的，但这并不意味着相应的科研结论就一定是客观的，研究对象的客观要"转移"到研究结论的客观至少需要一个中介步骤，即科学家可以原原本本地把握到该外在的客观对象，如果科学家在把握外在客观对象的过程中不可避免地会带上主观性色彩，那么，相应结论当然也就不可能是完全客观的。那么，科学家有无可能完全客观地把握到外在对象？回答当然是否定的。

我们可以通过简单地考察西方关于物质构成基本颗粒的历史来做进一步的说明：我们知道，在古希腊，人们曾一度认为诸如火、水等肉眼可视的事物是万物的本源，后来，人们通过实验发现了所谓"原子"，再后来，通过更先进的实验工具和方法发现了比原子小得多的质子、电子乃至介子……可以肯定，一个真正严肃的科学家不会宣称"介子"或其他什么子就是最小或最后的物质构成颗粒；或者说，如果有人这样宣称，那也不过是他的宣称而已，事物本来的最小颗粒到底是什么并不等于真的就是他所宣称的那个东西。显然，事物本来的构成亘古未变，并且将来也不大可能变化，但科学家对它的认识却一直在变，为什么呢？从根本上讲，是因为科学家认知某一事物时的结论从根本上取决于他所依赖的工具：如果他所依赖的工具是肉眼，那么，他可能就会认为水或火是物质的本源；如果他所依赖的是显微镜，那么，则可能会认为原子或分子是物质的本源；如果他运用的是当下的工具，则可能会认为所谓介子才是最小的物质颗粒……我们现在可以肯定的是，第一，如上无论哪一种结论，在特定的社会条件下，都被认为是科学的；那么，第二，所谓科学结论，其实不过是在特定条件、渠道中获得的，既然如此，又怎么会是完全客观的？

论及此处，想起资产阶级哲学家康德（Immuanuel Kant）曾提出一个概念，"物自体"（Dinge an sich 或 thing in itself），他并指出，"物自体"世界是客观存在但却不能被人们所认识的一个世界，人们只能认识其现象；那么，为什么人们不能认识物自体世界却可以肯定它是存在的呢？康德说，这是"因为不可能没有某种显现着的东西却有其现象"。过去我们总是批判康德此论为"不可知论"，但现在看来，我们包括顶着各种名号的科学家们，他们所观察到的不恰恰都是物自体的现象？如果他们真的可以观察到物自体自身，又怎么会有科学本身的不断发展之空间或可能？申言之，在物自体不可知上，我们似乎事实上已经是并且似乎将来也应当是不可知论者。

再退一步讲，就算对科学家而言确实存在一个外在且客观的世界，并且科学家也可以客观地把握到这个世界，除非这个客观地把握到物自体世界的科学家一个人偷着乐，也就是说，他不把他的这种把握告诉人家，否则，一旦他开口，一旦他用语言来表述他的把握，那么，主观性就立马潜伏进来。可以这么认为，在表述、交流的过程中，一个人将无可救药地把他——假设他能——客观地把握到的物自体主观化。举个例子，一个历史学家对另一个历史学家说，"经过我的十分全面的考证，已经确信：×年×月×日，在×地发生了一起自杀性爆炸袭击的恐怖主义案件"；或者，一个自然科学家对另一个科学家讲，"那里有一堆碳水化合物"。你能想象或者肯定这两位科学家讲的物自体意义上的事实到底是什么吗？我觉得不能，因为对于前者，他有可能是在讲一般意义上的恐怖活动，但却也完全有可能在讲董存瑞的故事，或者其他什么事情；对于后者，它可能是在讲一个生物，或者一个生物的一部分躯体，当然，也可能在讲他看到了一个人或其他什么东西。

申言之，对于科学家而言：第一，呈现给他的对象世界因其对象属性就已经不可避免地带有了主观色彩；第二，因为他对对象的把握总是必须依赖于一定的方法、一定的理论前见，因而也不可能完全客观地把握到物自体世界本身；第三，因为科学结论的意义只有在交流的过程中才能显现出来，而一旦科学家借用语言——他没有别的途径——来进行交流，由于语言本身的"人"性，所以，又必定会进一步加大其结论的主观性。

明确这几点后，必须马上予以进一步明确的是，这并不是说，所有的科学结论都不可靠，而仅仅意味着无论哪一种科学结论，都不过是特定科学家关于物自体世界的一种，并且仅仅是一种解释而已；当然，如上内容也没有，事实上也不意欲表明，科学、科学研究或科学结论仅仅具有主观性——事实是，我真诚地相信，所有严肃的科学、科学研究、科学结论都当然地具有客观性。

三、科学的客观性

科学、科学研究或科学结论当然有客观性，并且，我也认为应当以最大的客观性为科学的追求。当然，这仅仅是我（们）的直觉性结论，因此，还有必要从理论上、逻辑上予以证明。

首先，科学家用来观察、把握对象世界时的前见本身具有客观性。所谓前见，是哲学解释学中的一个基本概念，根据加达默尔，"前见在语词上只意指前－判断（vor－urteil 或 pre－judice），或换言之，在一切证据正确地被评估之前所做的判断。因此，前见可能被以后的解释和经验所证实或拒绝""实际上前见就是种判断，它是在一切对于事物具有决定性作用的要素被最后考察之前被给予的""前见其实并不意味着一种错误的判断，它的概念包含它可以具有肯定的和否定的价值"。用大白话讲，前见即一个人在面对对象时存在于其意识思维领域的所有相关知识、情感、愿望、意志、经验、方法的总和。毫无疑问，我们总是通过前见去把握世界，而每个人的前见又不一样，这导致不同的人会看到不同的世界①，也

---

① 至此，我们可以特别回到前文提及的曹操墓问题为什么不可能得出一个经得起历史推敲的结论的问题上来：在我的理解中，所谓"经得起历史推敲"指的当然是一种结论可以超越时代和世代为所有历史阶段的人接受。我觉得这是奢望。设想一下，如果人类社会可以长存一亿万年（我希望如此），到一亿万年之后，"曹操"可能根本就不会被人认为是一个值得留意的人物，也就是说，届时的人们很可能压根就不对这个问题感兴趣，果真如此，则何谈是否经得起那时的人们的考验问题？或者，到某一年，重新从哪儿出土更"牛"的文物证明，所谓曹操根本就是一个子虚乌有的人物，因此，即便我们今天有足够的证据得出一个结论，说白了，也不过是今天的结论而已。

正因如此，所以经济学家才会"忽略"法学家可能特别强调的种种因素，所以才会有所谓"台上一个哈姆雷特，台下多少个观众就有多少个哈姆雷特"……

那么，前见是不是只有主观性？非也。尽管每个人的前见不完全一样，但由于一个人的前见的积累往往伴随着他自己的社会化（成人）过程，所以，每个人的前见都不可避免地带有社会性，而社会性本身就意味着客观性；另外，"占据解释者意识的前见和前理解（vormeinurgen），并不是解释者自身可以自由支配的。解释者不可能事先就把那些使理解得以可能的生产性前见（die production vorurteile）与那些阻碍理解并导致误解的前见区分开来"①，这也就是说，前见在我们把握对象时发挥作用的过程也是客观的，而这当然也意味着我们的把握必然带有客观性。

其次，科学研究所仰赖的方法或工具可以保证至少该方法或工具意义上的客观性。也就是说，一旦你选择使用一种方法而不是另一种方法，就已经意味着你将只能得出某种结论——除非你故意歪曲。举例来说，你选择我们现有的食品安全检查方法，就不可能发现食品中可能存在的鹤顶红。这不是说鹤顶红不毒害人的健康，而是说我们现在的食品检查方法中根本就不包括这一项（因为所有规则的设定都建立在某些常识性的基础上——根据常识可以确定，馒头制造商不会往馒头中掺杂昂贵的鹤顶红）。再譬如说，你要带我参观牛津大学，那么，你选择带我步行还是用你的私人飞机带我从空中鸟瞰牛津大学，就一定意味着我将看到不同的牛津。所以，一旦方法被选定，其结果往往就不是我们主观能够控制的。

---

① ［德］伽达默尔：《诠释学Ⅰ：真理与方法》，洪汉鼎译，商务印书馆2007年版，第402页。

当然，最后，我们观察的对象尽管是物自体的现象，也一定会给予我们的主观以一定的限制，换言之，使我们的结论带有一定的客观性。我相信，只要是正常人，大概都不会将一个炸弹袭击的事情说成是"两条狗在谈恋爱"；我也相信，只要是稍具理化常识的正常人，就一定不会把一块钢称为"碳水化合物"；我更相信，尽管我们的科学家开会把"冥王星"开除出了太阳系行星的队伍（这是又一个科学结论具有主观性的绝佳例证）这一决议引起了很多冥王星粉丝的不满，但这些粉丝所采取的表达不满的方式中一定不会包括这样一项：把冥王星看作一条鱼；我还相信，台下即便坐着无数个观众，大概也不会有人认为台上的"哈姆雷特"表演的是天体运行之规律……所有这些通通表明，对象本身一定会给予一个正常人的相关结论以一定的规定性，而这种规定性当然也意味着相关结论的客观性。

结语：渔夫打鱼与科学研究

我曾经在一篇小作文中跟读者朋友分析过传统渔民的打鱼过程①：一般而言，渔民所打到的鱼取决于他所采用的工具（如粗网可能就打不到小鱼，而细网则可能网不住大鱼）及捕捞地点（如浅海区不可能捕到深海鱼，深海则捕不到浅海鱼），而渔民采用什么工具或到什么地方下网又取决于渔民想捕到什么样的鱼（如果他想捕海蜇，就绝对不会用普通网或到长江及其他淡水区下网）——因此，渔民所捕的鱼实际上主要取决于他捕鱼的工具、地点并最终取决于他的捕鱼意愿；而他之所以有这种愿望又恰恰是因为以前的相

① 参见周赟："反思民间法研究中的社会实证方法"，载《甘肃政法学院学报》2007 年第 5 期。

关捕鱼经验。

在如上渔民打鱼的这个例子中，我们会看到如下一个明显的循环：一定的捕鱼愿望→特定的捕鱼工具和捕鱼地点→捕捞到特定的鱼→形成一定的捕捞经验→继续强化该特定的捕鱼愿望……很显然，在如上循环中，任何一个环节出现问题都有可能导致整个循环的破碎和不存在。需予以明确的是，对渔民而言，他们的打鱼生涯存在如上循环并不构成什么"悖论"；但是，如果这个循环出现在实证研究者身上，就很有可能成为一个悖论：即所谓"实证调研"或"科学调研"往往变成了一个收集那些只与其前见相关之材料或证据的过程；而一个科学研究果真陷入此种情形，则毫无疑问等于颠覆或至少动摇了科学研究本身的客观性。

当然，渔夫与科学家之间存在各种各样的不同。这其中，尤其值得提及的是：没有渔夫在打完一网鱼后会自负地宣称，此地只有这种鱼儿，但有些科学家以及那些迷信科学的人却往往偏执于一个科学结论，并且自信满满甚至略带不屑地宣称其他一切都是浮云：伽利略以及伽利略主义者攻击基督教是如此；西医攻击中医是如此；部分西方或亲西方的学者攻击中国是如此；当然，部分中国或亲中国的学者赞美中国也是如此……他们忘了，其实他们的结论不过是依据他们方法得出来的结论，因而也只不过是诸多可能结论中的一种而已。

庄子曾告诫，世人莫要动辄"以指喻指之非指"或"以马喻马之非马"；而维特根斯坦（L. Wittgenstein）则更是明确指出，"不论某事是否谬误，都仅是某一特定系统中的谬误；一如某种游戏中某一做法为谬误，而在另一种之中则不是"。本文的所有内容以及此处庄子、维特根斯坦的名论断，都可以套用佛家箴言"众生平等"来总结,也就是说:科学仅仅是我们认知、解释世界诸多方法中的一种,它有时候或在有些领域比其他方法更可靠,但有时候却未必;更进一步讲,如果你不赞成某人的某种结论,那你也千万不要鄙夷人家,更不要说什么"根本错了"之类的话——因为如果你真的认为他的观点"根本"错了,那么,充其量只是表明,你压根没有进入他的系统罢了,而既然你压根就没有进入人家的系统,又怎么好贸然认定人家错了,并且是根本错了?当然,这话也可以反过来理解:如果你的研究、你的观点并没有引起别人的共鸣,或者引起的只是人家的反对,尤其是否定性反对,那么,此时你可能不应感到挫折,相反,你倒是可能更应该感到高兴,因为这说不定表明你发现了一种新的解决问题的方法或进路。

最后我要说的是,对宗教固然不应迷信,其实对科学也不应迷信,同样的道理,对理性或对其他一切的一切,都不应迷信。

[本文原载《牛人牛语:中国学者牛津演讲录》(第 1 卷),
北京日报报业集团、同心出版社 2012 年版]

学会学问，享受生活

——在 2011 年厦门大学法学院研究生入学典礼上的致辞

亲爱的同学们、各位家长、各位老师：

大家好！

我认为，法学院、哪怕是身居全球 Top10 的法学院也无法保证你能成为一个怎样的学生、怎样的毕业生，更无法保证你将来会成为怎样的职业人和人。真正决定你成为怎样的学生、怎样的毕业生、怎样的职业人、怎样的人的，是你的天赋和你的选择以及你的坚持。

那么，同学们花这么多精力、时间考来法学院并将接着花费好几年时间精力在法学院又是为了什么？或者换句话说，法学院到底能够并应该做什么？霍姆斯说，"与自学不同，社会化教育的主要功能在于塑造受教者的新兴趣和新路向。如果你给予一个人一种更深刻且不同的观照事物之方式，或者给予他对于早已熟知的事物一种不同形式且更微妙的兴趣乃至欣喜"。我认为，法学院能够并应该引导同学们，尤其是研究生阶段的同学们做的正是这样的事儿：引导同学们以思的态度面对一切，引导同学们学会审思、重思、反思、否思这个世界给予我们的一切；更具体点讲，是引导同学们用法学的视角去审思、重思、反思、否思一切。因为只有大家都开始以"思"的态度面对外界种种，我们才可能发掘出更多的新兴趣和新路向。那么，什么是法学视角？我觉得大概可以说法学视角就是规范、规则的视角，或者说权利—义务的视角。我们说法学院应当引导大家思，这话的另一面就是，同学们尤其是研究生阶段的同学们应当学会——如果说本科阶段是开始学着的话——以思的态度面对一切，并养成思的习惯。

当然，其实霍姆斯讲的这一点也不是什么新道理。孔夫子当年不早就强调了"学而不思则罔，思而不学则殆"吗？我必须要说，我们大陆的学生在本科、中学乃至小学阶段已经"学"得够多、够好的了，但与此同时，我们"问"的能力却有待进一步挖掘。而之所以我们会"学"却不会"问"，就是因为我们没有"思"的习惯。也正因如此，"思"才更应该成为我们大学生尤其是研究生朋友们学习生活过程中的重中之重。

那么，如何学会思并养成思的习惯？这个注定只能是个自我塑造的事儿，从根本上讲没有任何人可以教会你这一点。在这里，我仅结合个人的学习过程，以及这些年与同学们的接触谈这样几点技术性的经验：

首要的一点是，多读书并且是多读著作。这是老生常谈，但这事儿成为老生常谈这一现象本身就已经说明它有必要老生常谈，对吧？另外，因为它是老生常谈，所以要谈出点新意来不容易，所以一般也很难在这个问题上长篇大论。当然，其实也没有必要长篇大论。我这里要强调的一点是，在读书过程中不要急着跟实践尤其是实践中的具体个案问题联系，因为理论学习最要紧的是逻辑性，而实践尤其是个案实践则往往讲究的是实用性——就社会化（相对技术化）实践而言，这种实用往往以牺牲逻辑为必要成本。

也许在座的部分同学尤其法律硕士生同学们会有这样的疑问：

"周老师，我们这个专业的特点就是实践，你对我们强调多读枯燥且脱离实践的理论专著是不是有点南辕北辙？"对此，我的回答是：强调专著的阅读与今后的实践没有任何冲突，事实上，只有你今天在法学院把理论学得足够好，你明天的实践才可能不错。关于这个道理，如果大家有兴趣，同学们不妨到学院的网站上把今年上半年在我们学校举办的"全国法律硕士精英研讨会"的会议总结找出来看看。

在读书的同时，我还建议大家多听听学院乃至厦门大学其他学院的老师的课。我之所以特别提醒大家这一点，是因为我发现很多同学都囿于专业、学院之别，而很少甚至根本不去听其他老师的课。我觉得对于同学们来讲，这是一种很大的浪费。按照我的观察，无论是学院还是整个厦门大学，其实有相当多的非本专业的课堂值得大家走进去好好听听，至于拿不拿学分，我倒是觉得并不是最重要的。

另一点很重要的是，多跟老师尤其是多跟自己的导师汇报、交流自己的学习情况。请注意我这里的措辞，我说的是多跟"老师"，然后才是多跟"自己的导师"交流。我之所以强调这一点，是因为在研究生学习的第一阶段，我们仍然需要修习较多的课程，因而，在这个阶段我们往往会接触到很多很优秀且专业方向不同的老师。如果我们想博采众长，就千万自己主动一点。在这里，我可以很肯定地告诉大家，我们学院的老师都乐于与同学们交流专业问题。并且，我为自己身为这样一个认真负责的教员群体中的一员——尽管我自己未必做得比其他老师好——感到骄傲和自豪！

最后我要说的一点是，好好生活、好好享受生活。厦门是一个宜居的城市，厦门大学更是全国最漂亮的大学，而法学院则正是厦门大学内部具有最为宜人风景——真正的依山傍海、绿树红花、莺莺燕燕——的一个单位。我希望同学们在接下来的几年学习过程中好好享受这一切，如果有可能，遇上一段美丽的恋情则更好。

记得我们读书的时候国内乐坛有一个音乐组合，叫"水木年华"，我并记得他们曾经有一首歌其中有这样的歌词，"我有两次生命，一次是出生；一次是遇见你"。我想说，并且期望看到的是，等几年之后同学们从厦门大学，从厦门大学法学院走出去的时候，可以这样在自己的心中唱：我有三次生命，一次是出生，这是父母给我们的最大恩赐；一次是遇见恋人，这是上天给我们的浪漫安排；一次是学会学问，这是厦门大学、厦门大学法学院给我们的一生财富。

谢谢大家！

（2011 年 9 月 15 日）

法科学生的学习目标

——厦门大学法学院 2014 年本科生迎新致辞

尊敬的各位同学、家长及老师：

　　大家下午好！

　　我断定，今天在座的所有同学中，有相当一部分第一志愿就是法学；当然，我也相信，有相当一部分同学的本来志愿未必是法学；我甚至猜测，有一部分同学压根就不知道"法学"是怎样的学科，而更多的同学则可能不清楚即将到来的法学院四年，我们能学到什么。换言之，我们花费父母这么多钱，耗掉自己四年美好青春待在法学院，后者到底能带给我们什么？

　　首先，我们可以学到基础的法律知识、理论，通过这些我们将有更大的机会通过统一司法考试从而具备从事法律实务的职业资格。但可能有同学立马就会有疑问：我的表哥或堂姐是学外语或经济的，但他（她）也照样考过了司法考试，这样一来，岂非法学院的四年并不必要？

　　回答当然是否定的，因为其次，我们可以在法学院学到像一个法律人那样观察世界、思考问题，也就是说，学到法律思维——而这是比通过司法考试更实质的法律职业从业资格。有人说，法律人并没有独特的思维方式，也并不存在独立的迥异于其他职业的所谓"法律思维"。这话或许是对的，如果它指的是所有其他人都可以像法律人那样思维的话。但如果它说的是法律人思维并没有任何个性，则至少我个人并不赞成。那同学们可能会问，"老师，到底什么是法律人思维的个性"？我今天不打算回答，而期望同学们在今后的大学四年中自己去摸索答案。我之所以有这种期望，不仅仅因为我并不认为自己对这个问题的认知就一定超越了在座的各位，还因为我认定：求知即探索未知、积累已知的过程，而这是一个绝妙且不应该、事实上也无法为他人替代的过程。

我想，法学院的表面功用大概就在于如上两方面，或者说，正是如上两方面决定了法学院作为高校一个学院的个性所在。但老实说，我并不认为这是法学院最重要的功用。我认为法学院最重要的功用是：通过给大家提供一个学习法律的机会，来学习如何学习新知，并通过这个学习过程养成独立且健全的人格。事实上，这其实也正是"大学教育"或者说"高等教育"与"高职教育"的区别所在：后者可能也提供基础的专业知识、理论，并促进你养成相应的职业思维，但后者对于学习能力的提升以及个人人格的健全则并不重点关心。当然，这也解释了何以部分毕业生在校期间成绩似乎并没有多么突出，但走向工作岗位后却能够迅速脱颖而出——这些同学的成功不是偶然的，因为他们在大学期间尽管考试成绩并不如何出色，却真正地学会了如何学习并养成了健全的人格。显然，高等教育，当然也包括高等法学教育的这两个根本目标无法通过一两次书面考试来评定。

所以，我希望同学们在接下来的四年大学生活中，没有必要过分看重一时一地的得失，譬如说某次期末考试有一门功课没有达到90分，或某次评优没有成功，而更应看重的是：相对于我的整个法学院学习目标（学习如何学习并健全个人人格）而言，当下这件或这些事儿真的如此重要吗？在这里，我也想特别对那些第一志愿并非法学的同学们说：如果你本来的志愿是历史或数学也没有关系，因为只要你通过四年踏踏实实的法律学习学习到了如何学习但仍然"不改初衷"，那么，将来你转行从事你的本来志愿也必有极大的机会获得成功。

所以，我希望同学们在接下来的四年大学生活中，除了努力学好法律知识、养成法律思维外，应该大大地拓展自己的视野。这意味着尤其不应把自己的阅读面局限在法学尤其是法学教材领域。这不仅仅因为所有其他的学习都有助于你掌握如何学习的艺术，也因为对法律人来讲本就应该了解所有的世事人常——毕竟，没有发生在虚空中的案件，所以你必得了解、通透案件的方方面面你才可能拿出一个最妥切的应对方案。在这个意义上，我赞同美国联邦最高法院前大法官布兰代斯先生的如下论断："一个不研究经济学、社会学的法律人最适合的角色（不是从事法务工作，而）是社会公敌"。

也所以，我冒昧地提一个看起来可能有点武断的建议供大家参考：如果你期望自己四年后成为一个真正合格的法学学子，那么，或许你从今天开始就应彻底重思自己中学阶段那一套曾带给你书面考试辉煌成绩的学习方法和生活样态，进而重建自己的学生生涯。

最后，热烈并真诚地欢迎大家成为厦门大学法学院的一员！
谢谢。

（2014 年 8 月 25 日）

法科学生的气质

——在厦门大学法学院 2016 年开学典礼上的致辞

亲爱的同学们，各位家长、老师：

大家下午好！

很荣幸有这个机会代表学院教职员工来跟大家致辞，我的致辞题目是"法科学生的气质"。

据说，这是一个"主要看气质"的时代，那么，法科学生应该有怎样的气质呢？我觉得，可以用这样几个词来概括：活跃、理性、宽容、怜悯心及以权利—义务为中心的思维特质。

其中，活跃是所有年轻人都该有的状态，它不仅仅指行为、行动上的积极、主动，更指思想、观念上的碰撞、创新。

理性是指不迷信、不偏执，学会用脑用心分析、解决问题，与人交往时学会讲理并惯于讲理从而通情达理。

宽容是指在这个价值多元时代，既要注意"己所不欲，勿施于人"，但同时也要特别注意"己所欲，勿轻易施于人"——譬如说，你不能因为你爱狗，别人就必须爱狗；或因为你是异性恋，所以同性恋就是不好的；又或者因为你不喜欢早睡，宿舍的其他兄弟或姐妹也必须被你折腾到半夜才能入睡。

怜悯心说的是法科学生必须有一种"为生民立心"的情怀，尤其要有一种根据规则同情弱者、关心相对弱势一方的姿态。可以说，法律人就是这个和平年代的大侠，与传统社会中的侠者动辄以暴制暴不同的是，法律人运用的是法律的武器来追求公平正义。

以权利—义务为中心的思维特质，则指我们必须学会用权利—义务来观察、构造或解析我们所面对的世界。可以说，大家什么时候学会并习惯了用权利—义务来观照世界、解决问题，什么时候就基本具备了一个合格法科学生的资格。

你可能会说，"以权利—义务为中心的思维特质"这个还好把握，活跃、理性、宽容、怜悯心这几样，怎么衡量？那我们不妨文学化地来翻译一下这几种气质，我认为，把它们综合在一起，大体是这样一种状态：如春叶般盎然，如夏花般灿烂，如秋水般深沉，如冬阳般温暖。

那么，如何养成这种气质？我知道，今天在座的既有法科新鲜人——刚刚加入法学队伍的本科生朋友，也有已经具备相当之法学修养的研究生同学们，因此，我想分别作出如下建议。

首先，我想给各位法科新鲜人的建议包括三条。第一条，转变观念、大开脑洞。因为中小学填鸭式教育的局限，在学习过程中，大家可能往往习惯于寻求所谓标准答案、正确答案，我强烈建议放弃这个偏好，因为这个世界上很多问题本就没有标准答案、正确答案，有的只是具体语境中可接受性更强的答案——尤其是法律的世界，更是如此。因此，大家一定要学着先去了解、理解各种观点，而不要轻易否定一种观点或动辄说"不"——洋人喜欢讲"never say never"（永不说不），我觉得至少在求学过程中这是一种特别值得提倡的姿态。也因此，从一入学开始，各位一定要学会阅读，领会除教科书以外的各种本专业或他专业、主流或非主流作品。第二条，转变学习习惯，不要再执着于中小学填鸭式教育模式下取得过成功的学习方式。在这个知识爆炸的年代，如果你还是像一只被填的鸭子一样来记诵各种死观点、死知识、死理论，那么，我对你的提醒是：你有没有考虑过 google、baidu 的感受？我的意思是，你能记得过、背得过搜索引擎吗？第三条，"常常问问自己，什么才是你想要的东西"。大学四年决定了你今后整个人生可能的高度和宽度，因此，一定要常常反思：你想要什么？你想成为一个怎样的人？以之为标准，你当下的所作所为是应当的吗？

其次，至于各位研究生（包括硕士生和博士生）同学，我想，按道理，通过此前的法科学习或自学，你应该已经养成了前述法科学生的气质。因此，对大家来说，第一要做的是，检讨、反思一下自己，如上法科学生必备之气质是否存有哪些方面的明显不足？譬如说，是否因为较长时间的法科学习，已经使自己的思维被惯性化、被禁锢因而不够活跃了？又譬如说，是否自己虽然也同情弱者但却没有建立在尊重既有规则的基础上？再譬如说，在解析一个现象或问题时，是否并没有以权利—义务为基本工具？在这种检讨、反思之后，接下来要做的当然是补足、加强。

另外，我还想给大家一个技术性建议。所谓"研究生"，一定是与本科生不同的一种状态，所以，当今后大家懈怠了、懒惰了、困惑了的时候，不妨常常问自己：我现在这个样子，与本科生有什么不同？或者，这是一个法科研究生该有的状态吗？我认为，研究生与本科生最大的不同是你应该明确了你接下来要干什么，因此，一定要静下心来，真正的钻入你已选定的方向、领域。

最后，我想对所有在座的各位年轻朋友说，厦门是个好地方，厦门大学有个好校园，法学院更是有好风光，建议大家不要辜负了这种种美好，更不要辜负了大好的青春年华，因此，在紧张、严肃、繁忙的学习之余，不妨尝试着恋一场爱。记得韩寒弟弟（对大家来说是哥哥）曾感慨过："中国的特殊情况是，很多家长不允许学生谈恋爱，甚至在大学都有很多家长反对恋爱，但等到大学一毕业，所有家长都希望马上从天上掉下来一个各方面都很优秀而且最好有一套房子的人和自己的儿女恋爱，而且要结婚……"——我想得倒没到结婚这么远，我只是真心认为，恋爱是所有青年学生的限选课：在这里，"限选"的意思就是，不是必选，也不是任选，而是本来该选，但你真不选，也 OK。

　　谢谢大家！

（2016 年 9 月 12 日）

我们当以怎样的态度面对生活

——厦门大学法学院 2022 年毕业典礼致辞

亲爱的同学们、尊敬的家长朋友们以及亲爱而尊敬的各位同事：

大家下午好！

很荣幸代表法学院的教职工给大家致辞。我要特别说明的是，此处"教职工"不仅仅指教员，还包括行政和后勤、物业工作人员，因为所有这些人，才构成作为一个整体的法学院"教职工"。

经过四年或三年的学习，在座的各位同学，绝大部分都将第一次走出学校、步入社会，真正开始自己的人生征程。这此后的征程，有挑战、有困惑、有惊吓，但一定更有征服、有成功、有惊喜——问题的关键是，我们谁也无法预知迎面而来的到底是挑战、困惑、惊吓，还是征服、成功、惊喜，因此，好的人生态度可能就将在很大程度上决定我们的幸福度。作为一位过来人，更作为一个已经被生活捶打了几十年并且仍将接受生活捶打的中年人，我想从如下两个层面来跟大家分享一下我认为的好的人生态度。

首先，是作为一个成年人。尽管由于我们国家独特的婚姻家庭观念和做法，导致各位读大学期间仍然"享受未成年待遇"，但实际上各位均早已成年，对吧？我建议，作为成年人的各位能适度参考如下几点：

第一，做人要与人为善。关于待人接物，我听过的最"混账"的话，就是"防人之心不可无"，这话之所以混账，是因为它是典型的"有罪推定"，更因为它会使我们的社会交往活动变得了无情趣——成天提防着这个，提防着那个，怎么可能有生活的情趣、乐趣？显然，如果我们抱着"防人之心不可无"的恶意来揣测别人，就不可能与人为善，因为与人为善首先必定意味着我们预先推定别人的善意。而与人为善不仅可愉悦他人，同样重要的是，它会让我们自己的生活充满阳光、充满正能量。所以，我希望大家首先以最大的善意来推定他人，进而与人为善。

第二，做事要拿得起、放得下。"拿得起"不仅仅是你有意愿、有能力、有办法做你该做的事儿，还指你有意愿、有能力、有办法做你在乎的人想让你做的事儿；而"放得下"则意味着，你不仅总是努力做好你正在做的任何事儿，而且你还准备接受你努力之后的任何结果：无论这结果是否正好是你想要的，都大可不必过于悲喜，因为你最应该在乎的并且你事实上能控制的只是你到底有没有真正努力过？

第三，尝试着人事分开。我发现，中国人的思维特质之一是人事不分。所以，如果我就某事儿表示反对意见，那么，主张该事儿的张三一定觉得我在反对他；相对应地，如果我把李四当"自己人"，那么，就应该赞同他主张的所有事儿。人事不分的态度容易带来两个恶果：一是容易导致你混淆工作的焦点；进而，二是容易导致人际关系紧张。而人事分开的好处则是：既可让你准确抓住事情的核心，也可让你更加轻松地处理人际关系。所以，我给大家的第三点建议是：尝试着人事分开。当然，这里或有必要明确的是，如果你观察到对方人事不分，那么，你不妨适当"照顾"对方的此种行事风格或倾向。

其次，是作为一个法律职业人。听到这儿，有同学可能立马会说："周老师，你又不是法官、检察官，甚至也没有作兼职律师，凭什么跟我们谈法律职业人的态度？"首先，这是一种误会，因为按照中央领导有关讲话的精神，高校法学教师也是政法工作队伍的有机组成部分；其次，至少同样重要的是，我虽没有从事过法律实务工作，但我常常与实务工作者接触、互动——我到过全国数十家法院、检察院、律所，我给全国几百家法院、检察院或律师协会作过分享。也正因为有这些实际的经验，而我又偶尔看点儿书——书上当然会有他人现成经验的分享，再加上我成天没事儿喜欢在那儿瞎琢磨，所以，我觉得，自己还是勉强有资格提些建议。这些建议我同样概括为三点：

第一，守护公正，不钻法律的空子。有些法律职业者，以钻法律规则的"漏洞"为能事，甚至还到处炫耀，殊不知这样做往大里讲有损社会正义，往小里讲则最终会砸了法律的锅、进而砸了所有法律人的饭碗。另外，其实我也一直怀疑作为一个体系的法律会存在漏洞，因为法律本也不仅仅是一堆僵死的规则，而是浸润并滋养于公平公正精神的规则体，因此，即便规则本身可能有漏洞，公平公正的精神却必定泽被万物、天衣无缝。换言之，如果大家能够以守护法律之根本精神的姿态来从事法律职业，本也无所谓"法律的空子"。

第二，保持谦逊，倾听他人的意见。我从不认为法律实务的世界存在所谓"唯一正确答案"，而最多只有当前程序、当前证据条件下最具有说服力的答案。那么，同学们上课听到的案例为什么有唯一正确答案？因为那是典型案件，而现实生活中的真实案件一定都是非典型案件，因为——以刑事领域为例——犯罪分子不会依法犯罪，尤其不会严格依法犯罪。大家回想一下，课堂上的那些由老师根据法条设计出来的案件是不是都是典型的依法犯罪的案件？既然法律的世界本就没有唯一正确答案，这意味着任何人都没有掌握绝对真理，甚至没有掌握最终的答案，那么，保持谦逊的姿态，倾听他人的意见，就成为所有法律人的天职；并且，这样做也确实有助于寻求到更有说服力的答案，而这又可能在某种程度上避免你——如果你是一位公职法律人——被错案追责，因为你今天找到的答案更有说服力，当然也就意味着将来被推翻、进而被追责的可能性也更小。

最后，但并非最不重要的是，坚持读书，关注理论的进展。在座的同学中，可能有一部分作为法律职业者已经工作了一段时间。我想请问这一部分朋友，单就职业本身而言，你为什么在工作若干年之后还回炉到法学院来？是来向各位老师学习更好的职业经验、职业技巧吗？肯定不是，因为各位老师比你还缺职业经验和技巧，对吧？那你是来学什么呢？只可能是理论。一个有心而严肃的法律职业者，尤其当他遇到疑难案件时，一定会发现，只有理论、只有精深的理论才可能帮助他最终解决相关难题；另一方面，一个人成天面对烦琐、具体的各种实务，往往容易麻木，而读书，尤其是阅读纯理论的书则可以激发你的新鲜感、好奇心。所以，大家在紧张繁忙的工作生活之余，一定要坚持读书，保持对理论进展的关注。关于这个，我给大家两点技术上的建议：一是请每年精读一部法学理论（不限于法理学）专著；二是积极参加单位组织的各种形式的理论培训。

也许有同学会说，"老师，对不起，我学习法律的这些年，最大的感受就是，我真后悔选择了法律专业，所以，毕业后我决定再不从事与法律相关的职业，所以，你的如上建议对我根本没有意义"。首先，我相信一定有这样的同学，我也充分理解这种心情。但我要对这一部分同学说两句话：第一，我从不认为大学阶段学习一门专业的主要目的仅仅是学习这门专业本身，更重要的其实是通过学习一门专业学习如何学习新知。所以，如果你后悔选择法律，但你认真学习了法律专业且通过学习法律这门专业学会了如何学习新知，那么，你大可放下如上执念、遗憾甚至后悔，毋宁说你首先仍应感恩法律、法学这门专业；第二，如果你确实认真学习了法律这门专业，那么，无论你以后从事什么行业，法律、法学思维都将不可避免地成为你的底色，成为你区别于该行业内其他业者的根本，再考虑到"法治中国"这一宏大历史背景——这一背景意味着今日以及今后中国啥事儿都要符合法治要求——的存在，那么，在你工作的过程中，保有如上法律职业者的基本态度也仍有十分的必要。

亲爱的亲们，俄乌冲突（准确讲是俄罗斯对乌克兰实施"特别军事行动"）仍在继续，新冠疫情尚未终止，人渣流氓（典型者如这次的唐山恶性伤人事件）等丑恶现象也没根绝，当然，还有许多我们无法控制、不愿面对但却必须接受的事儿也将不停地发生，因此，调整好我们自己、调整好我们自己的人生态度显得尤为重要，因为它是我们唯一可控而又确实可以让我们安宁、幸福的事儿。因此，我希望、也祝福同学们都能调适出一种良好的姿态进而拥抱并享受你的生活。

谢谢大家！

母校中青院校友会访谈实录

● **作者按** 1996 年，我有幸考入中国青年政治学院法律系，成为一名本科生；2013 年，已经到厦门大学任教的我，有幸接到母校校友会的访谈邀约；2017 年，因院系调整，我的大学母校中国青年政治学院并入到中国社会科学院大学。此处，收入母校校友会的访谈，以作纪念。

因是"实录"，所以，本文系从中国青年政治学院官网剪贴而来。

周赟：一个法学新秀的"迂腐"人生

文/王慧霞　张茜

"我印象最深刻的是那时候自己特愣，'愣头青'的'愣'。"这是我校 96 级法律系校友周赟回忆起刚步入大学校园的光阴时，对那时的自己的评价。

时光荏苒。17 年后，周赟从当年那个有点"愣"的毛头小伙变身成为厦门大学法学院副教授。"勤奋认真、锐意创新、从容睿智、敢作敢当、坚持自我"是母校老师对这位校友的评价。

"自己的所作所为决定自己成为怎样的人"

"直到今天，我依然会不时地想起陈升老师的淡定、林维老师的严谨、吴用老师的亲切、徐章辉老师的帅气、谷振诣老师的睿智、陈琼芝老师的豁达、包锡妹老师的耐心……"访谈伊始，周赟首先表达了自己对母校的思念和对各位老师的问候。

和许多大学新生一样，他也曾懵懂无知，也曾对最美好的大学时光"视而不见"。"我印象最深刻的是那时候自己特楞，'楞头青'的'楞'。"周赟说。

为什么这样讲？"因为当年我大概花了2年的时间来抱怨母校的种种不足，却忽略了她的种种好——如老师们的负责与爱心、同学们的活跃与优秀。"周赟解释道。

"你自己的所作所为才能最终决定你会成为什么样的人。大学生上学期间最重要的事就是要过好自己的学习生活，做好自己的事儿。"这是周赟用来告诫自己的话，也是赠予每一个初到中国青年政治学院的本科生、研究生的金玉良言。

"凡事就怕'认真'二字"

"取得成功并不一定意味着某种艰辛。"周赟很享受自己努力奋斗的过程。

对他来说，认真和坚持是他成功路上的两个"法宝"。"我曾经平均每天至少花8小时的时间在读书、写作。我坚持了大概5年。或许别人认为这是'艰辛'的，但对我而言，一点都不累。"他说，"当你真正确定了自己的目标后，这个努力奋斗的过程便显得格外'愉快''充实'"。

在短短3年的时间里，周赟被厦门大学法学院破格录用为副教授。谈及这段经历时，他颇有感慨，"凡事认真"是成功路上的最大助手。

凡事就怕"认真"二字。"你是否认真备课？你是否认真讲课？你是否认真对待每一个学生的每一个问题？哪怕这个问题直接冒犯到你？你是否真诚地相信你自己论文中提出的观点并认真地证实了它们？你是否认真对待同事、朋友对你的每一次建议、批评以及肯定、夸奖？"周赟以此来要求和激励自己。

成功的道路上总是布满荆棘。但是，就如他所说"在今天的体制及大环境下，任何想要取得成功的人都一定会承受某些压力。在这个意义上，我当然也有过'艰难时刻'，但迄今为止，我确实从未想过放弃"。

"为生民立命"

"从根本上讲，法律是一种保护民权，限制公权的机制。"周赟认为，法学院学生身上最重要的品质是有一颗"为生民立命"之心。"法学学习者应当时刻保持一种个人立场并以这种立场来剖析社会诸现象。"他告诉记者。

他举例说，最近各地频出飞机"炸弹"事件。一个法律人不应当像一般的媒体那样简单地谴责相关当事人或站在公共安全的立场向警察、检察官、法官那样看待当事人，而应该更多地思考"他有无权利这样做？有哪些因素的存在使得他应当承担更轻的责任甚至无须承担责任？在整个事件中，航空公司以及相应的国家机关是否做错了什么？等等"。

坚持创新　硕果累累

毕业的 13 年时间中，法学人周赟取得了丰硕的成果。

他放弃了原本优越的政府机关单位工作，重新回到校园，读研、读博。2006 年，他提前毕业，并获得山东大学法学博士学位。毕业后的周赟到厦门大学法学院任教。在厦大的 3 年时间里，周赟潇洒地完成了从讲师到副教授的转身。

2011 年，他受国家留学基金的资助到牛津大学法学院进行学术访问。回国后，周赟担任《厦门大学法律评论》（CSSCI 集刊）

主编。2013 年 9 月起，他即将兼任（台湾）云林科技大学法律研究所客座教授。迄今为止，周赟在各类学术期刊、报纸发表学术作品 70 余篇，出版专著 4 部，取得了丰硕的学术成果。

然而，这些却只是他众多成就中的一部分。

周赟重视创新性教学。曾当选为中国法学创新网"新秀 100"的他对"创新"二字有自己的理解。"不管是社会科学还是自然科学史都清楚地表明'创新'从来都是持续努力之后'不经意'的结果。"他说。

不久前，周赟的个人著作《法理学》由清华大学出版社出版。他认为，以独著或者合著的形式写的教材更有可能具备学术价值。"现在一些教材的编者没有认真严肃地对待教材的编写这项工作。内地还没有形成一种类似市场竞争机制的教材选择、淘汰机制。我认为，个人专著的责任更加清晰，会督促作者认真对待学术问题。"

谈及这本《法理学》教材，周赟说它与传统教材最大的不同是尝试做出自主及最真诚且个人化的努力。"具体的不同体现在多个方面，比如结构体例、资料来源、论说风格，等等。"

对于未来的学术之路，他有这样一个理想，"40 岁之后写出一些符合理论逻辑并且经得起一定时间（如 5 年、10 年或更长）推敲或拷问的学术作品。"

学会选择、试错与担当

成功的原因是相似的，失败的原因则各有不同。周赟认为，所有成功的人都具备以下几点："一是找准自己的目标；二是足够的努力；三是一定的机遇；四是坚持个性。至少在某种程度上坚持自己的个性。"

什么是年轻？什么是成长？什么是"你"？

周赟的回答是："年轻、成长、'你'都建立在自己的选择、决定、试错以及相应的担当基础上，没有后者，就无所谓前者。没有任何人可以设定一个标准普适于大家。否则就真的意味着千人一面了——那这世界多没意思啊！"

"千万不要依赖或跟从一个长辈的建议来安排自己的学习生活。"作为一个"过来人"，他最想告诉师弟师妹们"盲从听别人的建议很可能会让自己损失特定年龄段的特定意义。更'可怕'的可能是丧失自己的个性。"

周赟建议同学们以后面临择业选择时从两个方面考量：第一，这份工作是否能保证衣食有着？第二，自己是否"enjoy 这份工作"。

每个人因经历和身份的不同而被贴上各种各样的"标签"。周赟只是希望别人眼中的自己是"认真、迂腐、诚实的人"。

"迂腐"便是"坚持某些坚持，不因他人和环境因素而改变的坚持"。他认真地解释。

也许，正是因为这种"迂腐"，才有了今日的周赟。

法舆论、法适用
与司法改革

民意、舆论与司法三题

对于行走在法治化、民主化大道上的当下中国而言，作为社会正义工程之最后防波堤的司法似乎注定要成为媒体舆论关注的重心。从根本上讲，这当然有利于当下司法改革进程的顺利、健康推进，但也可能使司法改革又总是容易为所谓民意、民情所牵引，进而导致容易作出偏离司法之本质的某些决策或行为。

在这个系列中，我将通过择取涉司法舆论中的三个典型"片断"予以分析，进而揭示出当下中国司法在面对民情民意问题时的几种典型的、但却很可能并不恰当的应对，以期引起更深入的关注、讨论。

一、舆论暴力与司法权威

当年的佘祥林案余音未了，今年（2011 年）又出了个赵作海案。

在这两个个案中，我们分明且清楚地看到了民众，准确地说，是舆论对司法权的限制作用。在某种程度上甚至可以认为，作为在整个案件的舆论发展过程中彻底的失语方，司法者反而成为了绝对的弱势方：根据相关的持续新闻报道，我们看到的首先是案件被媒体报道之后，几乎所有舆论都一致认定佘祥林以及赵作海就是司法腐败或至少也是司法无能的受害人；我们还看到很多"专家学者"

一边附和这种舆论，一边"痛心疾首"地批评当下司法的落后或腐败。

这当然是不合适的，因为如果从纯专业角度看，也即从法律或者说从法治的角度看，这两个案子完全有可能不是所谓冤案、假案，当然，也完全可能恰恰不是司法腐败、司法无能的产物。

想必很多人都还记得当年轰动全美、也颇让法治落后国家感慨的"辛普森案"，在那个案件中，也许包括主审法官在内的绝大部分人从内心里都认定辛普森就是个不折不扣的"杀人犯"，但为什么最终的判决却是"杀人罪不成立"，并且还得到了几乎所有专业人士的认可并为大部分美国民众所接受？也许有人会说，别动辄拿美国说事儿，这是在中国。好吧，那我们不妨来看如下这个虚拟但却绝对具有现实性的案件：张三向李四借了100元钱，鉴于双方的朋友关系，李四没有要求张三提供借条，并且正好也没有其他人可以作证。那么，一旦他们俩就本借款事宜打官司，法官怎样的判决才是合法的呢？稍有法律常识的人当然会知道，法官只能判李四输官司。为什么？原因在于，打官司是一项程序性极强的活儿，因此，所有的结果都必须经得起已预设之程序的验证、拷问。就该借款案而言，如果法官判李四赢官司，它的结论根本就无法得到包括证明标准在内的诸多司法程序的支持。

这也就是说，一个生活常识意义上的"冤案"未必一定是法律专业视野中的"错案"或"假案"。我们不妨以佘祥林案来做这样的假设：如果当年刑侦机关可以提供佘祥林的杀人凶器，并且有足够的证据（如DNA）显示该凶器上的血迹就是佘妻的，同时还有人证证明佘祥林确实有砍杀其妻的行为，而佘祥林也承认他杀妻后将尸体扔到洪水中毁尸灭迹了……总之，如果检控机关提供的证据能够形成一个相对完整的证据链，那么，法院判处佘祥林故意杀人罪是否一定就有问题？更确切地说，在这样的前提下，从专业的角度讲，法院的杀人罪有罪判决是否就一定不可接受？

至此，也许又有人会这样诘问：第一，检控机关可能提供一个相对完整的证据链吗？第二，你又没有查阅卷宗，作这样的假设有意义吗？针对这两个可能的诘问，我想说的是，其实本文的重点并不在于讨论某一个具体的案例，更无意为某个或某些案例"翻案"，而在于重思如下几个方面：首先，从司法程序的角度讲，一个案件完全有可能存在数个不同的结论并且能够分别为不同的证据链所支撑，因为所谓"证据链"是一个必得经过法官主观加工方能生出的"东西"——法官首先要认定哪些证据是合适的，然后他得用这些证据回构出一个证据链，进而判断并决定该证据链到了什么程度才形成一个"完整"或"相对完整"的证据链。考虑到不同的人可能会具有不同的思维模式、价值取向乃至判断标准，因此，对证据链的认定必将存在多种可能；也因此，同一个案件的数个不同判决结论都可能分别拥有足以支撑各自的证据链。其次，因为我的动机不在于佘、赵等具体案件的具体处置，因此虽然我确实没有查阅相关案件的卷宗，也并不意味着此处的讨论是空中楼阁。当然，话说回来：当前通行于舆论中的、针对法院的种种语言暴力，又有多少得到了来自卷宗的支撑？我的意思是说，那些在舆论大潮中掌握着话语权的人，又有多少查阅过卷宗？

说得更明白点，我没有查阅卷宗是因为本文主旨本就不在相关案件的具体处置，而只是给出了一种极有可能的假设，并且因而我也没有对实际的相关结论作什么具体评价；但舆论的制造者们同样没有阅读卷宗，却迅即——至少是在有关法院作出裁定之前——得出"冤假错案"的判断，并以一种决然而然的态度向全社会宣告了。

在一个成熟的民主社会中，严肃的媒体或舆论固然可能尖锐，但却决不是、更不应该是刻薄甚至偏激，否则所谓舆论监督就很容易演变成赤裸裸的舆论暴力。更可怕的是，由于舆论往往以市民社会的代言人之面貌出现，并且它也往往会深刻地影响社会大众的思维模式，因此，舆论暴力很可能是一个社会中最可怕的暴力。从这个意义上说，就佘祥林案、赵作海案的报道言，迄今为止的几乎所有媒体及舆论似乎确实有欠严肃。

在评论佘祥林案、赵作海案时，很多人都提到它们将是当代中国司法改革历程中的里程碑式的事件，因为这些个案展现出舆论对司法权的有力限制甚或控制。我也认为它们应该是里程碑式的，但我的理由却与如上不同，我更多地是希望因为这两个个案，我们能在以下两个方面有一个大的进步：

一是在面对司法这一国家公权活动时，舆论尤其是大众媒体所主导的舆论将更加理性化、严肃化，从而也更加地去情绪化、噱头化。这不仅仅是因为我们的民族才刚刚起步、走向政治成熟因而需要更多的理性，也不仅仅是因为舆论暴力是最可怕的暴力，还因为司法是一项专业性极强的公权活动，更因为媒体及舆论的职责本就是揭露、沟通、缓解矛盾，而不应演变为单纯地发泄、单向地恶评甚至是激化矛盾。

二是司法系统以及所有的国家机关确实应该反省在每次类似事件中，为何舆论几乎总是一边倒以至于都达到了非理性的程度？以及，在每次类似事件中，为何相应的法院或法官甚至都没有了"发言"机会？也即，为何媒体总是习惯性地忽略来自法院方的"解释"？还有更进一步地，当司法系统（以及所有其他国家机关）同样也经受了失语之痛后，在今后的工作中，是否应该更多地兼听来自社会中失语或沉默一族的观点及解释？最后，司法权威的树立固然需要某种主动纠错，但是否需要这种几乎为奠基于非专业考量基础上的舆论所主导之"知错就改"？如果答案是否定的，司法权威的树立需要的是怎样的主动纠错？

二、新闻监督与独立审判

如果你以"新闻监督会否危及审判独立"为题随机访问一位非专业人士，我相信，他很可能会表示对问题本身的答案不清楚，但却绝对支持对审判活动的新闻监督；而如果你以同样的题目到法学院访问一个法学本科生或硕士生，我相信你十有八九会得到肯定的回答——近几年来，在我组织的每一次课堂调查以及我参加的每一次学士、硕士毕业论文答辩会中，几乎所有参与的同学都持此种认识，并且还往往能给你分析出一二三四条原因来；而如果你上网检索相关的文献，则会发现几乎所有的相关作品都认定：就当下中国大陆地区而言，新闻监督与审判独立存在内在的冲突。

其实，如果仔细掂量就会发现如上问题"新闻监督会否危及审判独立"本身是不准确的，因为所谓"司法独立"在中国大陆地区的法律建置中是不存在的：如所知，"司法独立"建立在立法、行政和司法三权分立的基础上，从《中华人民共和国宪法》（以下简称《宪法》）第 128 条"最高人民法院对全国人民代表大会和全国人民代表大会常务委员会负责。地方各级人民法院对产生它的国家权力机关负责"之规定可以看出，典型西方式的三权分立并不是我国的现实权力架构，既然没有三权分立这一"皮"，又何谈"司法独立"这一"毛"？因此，我更愿意在谈到我国相关情况时称之为"独立审判"。所谓独立审判，指的是人民法院在审判过程中除了法律这一上司外，不需服从其他政府机关、社会团体或个人的意愿。而这其实也正符合《宪法》第126条的内容，"人民法院依照法律规定独立行使审判权，不受行政机关、社会团体和个人的干涉"。

那么，当下的新闻报道、评论是否与独立审判存在冲突？可以想见的是，如果××TV的什么节目曝光了一个案件或"深度报道"了一个案件，并给出了自己的意见时；如果《××报》的头版头条就某个案件发表社论或时评，并"代表民意"（这是很多媒体的一种典型自我认定）就案件结论作出了倾向性的引导或径直给出了直白的建议时；甚至如果网络上铺天盖地地就某案"拍砖"或"灌水"，以至于民意汹涌时……法院也会倾向作出"民心所向"的判决结论。因此，似乎很明显的是：新闻监督与独立审判存在内在的冲突；也因此，媒体在关注相关案件时应当注意一个评论的延后性问题，即新闻媒体在法院尚未作出判决前应满足于单纯地报道案情而不应发表意见，以免影响法院的独立审判——有关这一点，我们并不陌生，因为它也正是很多法院、法官乃至部分学者近些年来所反复强调的一点。

如果说法院、法官强调这一点可以接受的话，甚至如果说法学院的本科生、硕士生们这样认为也可以接受的话，那么，一些所谓"专家""学者"也作这样的呼吁就实在令人难以理解，因为对法院及法官而言，如果媒体不作事先的评价或舆论引导，则无疑将减小其判案压力，而法科学生由于毕竟还处于学习和长见识的过程中故此存在一些不成熟的考虑也就可以接受，但作为相对或应该相对更冷静、更理性、更成熟的学者而言——我相信，如果考虑到如下几个方面的因素，你也一定会认为本应更冷静、理性和成熟的学者居然也——几乎不思索地附和如上论调就实在让人很难理解。

首先，当前法院或法官在处理案件时可能有时候确实与媒体意见重合、甚至有时候确实被媒体的"监督意见"牵着鼻子走，但这种现象是否就意味着媒体监督对独立审判的侵害？并且，更进一步地，如果它确实是侵害，那么，这种侵害是由于制度设计的内在逻辑所导致的必然，还是其他原因所致的一种偶然？从表面上看，当出现法院基于媒体监督而作出某种判决时，当然意味着独立审判受到了伤害，但按照这样的逻辑，岂非当辩护律师的辩护意见或当事人的自我陈述乃至证人所作的证言这些可能影响法官最终判决的因素都可能影响独立审判原则的落实？因此，当法院迫于媒体的"强大"而受制于媒体意见时，其实并不是媒体监督伤害了独立审判，而毋宁说是法院对独立审判原则的自我放弃。因为，从制度设计上来看，从宪法到诉讼法乃至各种法律解释，我们都根本找不到媒体意见在司法判决中的位置，也就是说，对法院或法官来讲，其有权不予理睬任何媒体意见；更进一步讲，真正地讲求独立审判的法院或法官，其应该有意愿也有能力不予理睬任何媒体意见，正如其应该有能力从媒体意见中汲取合理因素一样。

再次，所谓独立审判其实不仅仅应该包括消极的内涵，即其他行政机关、社会团体和个人不得或无权干涉司法过程及结论；它还更应该包括积极的方面，即法院或法官本身具有足够的抗干涉能力和意愿，进而能够仅仅根据自己的职业良知、素养和法律、案件事实本身作出判决。很显然，如果只强调前者，那么，今天法官可能会埋怨媒体监督侵犯了审判独立，明天就可能会建议取消律师辩护制度，后天甚至可能要求在案件审理期间"全民噤声"……同样明显的是，如果没有后者，哪怕我们真的可能做到案件审理期间全民噤声，又如何可以保证法官不会仅仅因为对民意的揣测或主动迎合而在独立审判前面自我放逐？较为遗憾的是，无论是制度设计，还是理论研究，甚或舆论宣传，我们在谈到独立审判时更多地谈的是它的消极方面，而没有或几乎没有关注它的积极方面。而这或许也正是法官、法科学生乃至某些不严肃学者动辄认为媒体监督伤害独立审判的主要原因所在。

因此，最后，在现有体制下，独立审判原则能否贯彻落实，其要害很可能不在于司法体系之外，而在于司法体系之内，准确点讲是，有没有足够多的秉持职业良知的"强项令"式的司法官？老实讲，我也觉得单单只对法官作这样的要求确实有点勉为其难，但无数的经验表明，如果任何一种独立性以及建立在这种独立性上的权威是他者给予而非自己通过数年、甚至数十年工作赢得的，那么，它同样也可以很容易地为他者所剥夺、取消；相反，则无论他者怎么强悍，这种权威以及享有这种权威是法院、法官都必定会是社会正义大工程中的中流砥柱。"欲戴王冠，必承其重！"

申言之，尽管有些时候其实法官或法院也是"不得不"为媒体监督所牵引，但我还是要说，这尽管一定程度上可以归咎于目前特殊的社会体制，但却主要并不是媒体的错，更不是我们的制度安排使然，而更多地是因为法院或法官自身的不坚定甚至主动放弃。也正因如此，法院及法官更应该通过加强自身工作的专业强度来从媒体那里赢回独立，而非在那儿幽怨且徒唤奈何地喊话。当然，指出这一点并不意味着媒体可以以新闻监督为名任意地评论司法工作——还是那句话，在建设成熟的公民社会进程中，媒体尤其是严肃的媒体可以立场不同，但严肃性、理性却万万不可缺失。

三、司法逻辑：司法舆论应有的"套路"

按照一般的经验，在当下中国，如果某件事情或某类事情一开始并没有什么人关注，但后来却开始引发越来越多的关注，那么，这种关注往往意味着这件或这类事情的转变契机，且是向更好的方向转变之契机。从这个意义上讲，考虑到我们直到 20 世纪末的最后几年都几乎不怎么关注具体司法问题，则近十年来舆论对诸如王涌案、佘祥林案、药家鑫案等的热议，尽管可能会影响相关具体个案的依法判决，但从长远来看，对于司法环境的改善以及司法权威的提升首先应当是好事儿。

有心人可以留意到这样一个现象：在迄今为止所有引起巨大新闻效应的案件审理过程中，几乎可以说舆论总是决绝地站在司法以及司法结论的对立面，而给予舆论或媒体这种决绝的理由则多是被告乃"官二代"、被告是"富 N 代"、被告有"什么什么背景"等严格说来其实与该具体个案并不必然具有法律上之关联的因素。换言之，在过去的数个具有巨大新闻效应的案例讨论过程中，我们的舆论其实更多地是噱头化地讨论相关案例，而鲜有真正理性且具有专业意味立场的切入。再换言之，既有关于司法问题的舆论看上去关注的是司法，但实际上关注的却往往是与司法结论的得出本无多大关联的相关因素。

这当然不全是媒体或舆论的错，因为媒体的天性使得它一定有噱头化新闻事件的倾向；另外也因为从经验上看，媒体所关注的这些本不应该左右司法结论的因素确实曾经影响过甚至仍然在影响着法院的判决。但即便如此，如果从媒体乃塑造公民社会的一个关键环节以及从建设法治中国的角度来看的话，媒体或舆论在关注司法问题时的这种过于噱头化和反专业特质也不能说是一种值得提倡的倾向。也就是说，如果媒体也要讲责任，如果舆论不应该仅仅是单纯的情绪发泄，那么，大概还可以有另外一种关于司法的舆论：这种舆论按照司法的逻辑来关注司法。

你可能会说，舆论是普通民众的舆论，就算官方媒体可以、可能按照司法的逻辑来讨论司法问题，由普通网民自发参与形成的网络舆论也几无可能如此。某种程度上讲，"要求"民众按照司法逻辑来关注司法确实颇有一厢情愿或"高贵之梦"的意味。

然而，李昌奎案*的出现以及随后的舆情却似乎表明一种按照司法逻辑的舆论在当下中国也并非什么遥不可及的梦：笔者留意到，无论是传统媒体，还是网络舆论，对于李昌奎案的讨论都基本限定在案件本身——即便这次舆论似乎仍然决绝地站在司法的对立面，但却更多地是按照司法的逻辑来怀疑最终的判决结论。在我的印象中，近一段时期关于李昌奎案终审结论的质疑，人们更多地关注的是：情节如此恶劣，为什么还死缓？也即，有什么法律依据因而可以判处李昌奎死缓？更进一步看，就算慎杀、少杀是既定刑事司法方针，但毕竟应与不杀相区别，因而慎杀的刑事司法方针是否

---

* 李昌奎，云南省巧家县茂租乡鹦哥村村民，被怀疑于 2009 年 5 月 16 日将同村的 19 岁女子击昏后强奸，之后将此女子与其 3 岁的弟弟一同杀害。2010 年 7 月 15 日一审判决李昌奎故意杀人罪并处死刑，剥夺政治权利终身，犯强奸罪，并处有期徒刑 5 年。数罪并罚，决定执行死刑，并处剥夺政治权利终身。民事赔偿家属损失 3 万元。2011 年 3 月 4 日，二审判决李昌奎故意杀人罪、强奸罪，判处李昌奎死刑，缓期二年执行。2011 年 8 月 22 日，云南省高级人民法院撤销原二审死缓判决，改判李昌奎死刑，剥夺政治权利终身，并依法报请最高人民法院核准。按照笔者的观察，在整个"李昌奎案"的三次审理过程中，媒体的报道都始终主要围绕着案件本身的逻辑并大体上以法律专业的视角来展开。

就可以作为从轻判决的充足理由？……这其中最无厘头的理由大概是"是否终审法官故意标新立异、要出风头"？这与此前相关讨论动辄并且几乎总是拿"官二代"等非法律因素（与庭审以及案件结论本无法律上关联的因素）说事儿的舆论可以说有天壤之别。

当然，你可能又会说，人们对李昌奎的讨论之所以没有涉及案外的非法律因素，是因为李常奎本身确实"一穷二白"，因此，就算关于本案的舆情符合笔者这里讲的"专业意味"，也很可能仅仅是因为媒体、网络面对李昌奎案时实在找不到什么噱头，因而只能就案件本身说事儿，进而使得相关舆论"不得不"专业化。申言之，关于李昌奎案的舆论充其量不过是一种"被专业化"，而未必意味着此后关于司法的舆情会发生大的转折。必须承认，如果我们的媒体、也许尤其是当下各种利用公共资源营运的媒体不珍惜因李昌奎案好不容易带来的专业化，或尽可能专业化地以司法逻辑论司法的舆论氛围，并且以此为契机开创、引领一种关于司法的新舆情，那么，"噱头化"舆论卷头重来并重新成为主流也确实很有可能。在这里，我之所以特别强调"利用公共资源营运的媒体"是因为这一类媒体本就不应单纯的搏眼球，而应该更多地承担它在塑造公民社会过程中所应承担的责任。当然，指出这一点并不意味着我认为纯粹的私媒体（如私人博客，又如民营媒体）不必有此种担当，而仅仅是说去噱头化以及专业化并非私媒体的法律乃至道义责任——甚至在某些时候，为了生存、一定意义上也为了舆论的多元化，私媒体保持多元的报道取向或风格可能也确实有其内在的必要性。

那么，媒体，尤其是公营媒体到底应该如何营造关于司法的氛围？或者说，可以怎样关注、报道司法？更进一步讲，是否干脆像有些人所言的那样"为保证审判，媒体最好不要在审判结论得出前进行案件报道，尤其不要作带有明显倾向性的报道"吗？我认为当然不是。这是因为，第一，正如本文一开篇所指出的，历史的经验已经表明，当一种问题、一项事业得到越来越多的关注——无论这种关注是"好"还是"坏"时，一定首先意味着积极面。因此，除非我们期望司法系统卸掉自身对于塑造公民社会、构建法治中国所应担负的种种责任，否则，仅仅为了这些关注本身也不应断然拒绝媒体的关注。第二，从逻辑上看，媒体对案件的报道，哪怕是事先报道与审判本就没有必然的冲突：首先，没有任何法律、法规给司法官设定必须尊重媒体观点的义务，因此，至少从法律上讲，只要司法官有足够的意愿则无论媒体怎么报道，都不至于影响他的独立审判。其次，只要司法官具有足够的专业素养，他本来也不应该"怕"媒体对案件的预先报道。试想，如果一个法官具有足够的专业素养，这意味着他至少比绝大多数媒体从业人员或舆论制造者具有更强的专业判断能力；再考虑到司法官在庭审过程中可以接触到比任何人都更充分的涉案因素、证据，因此，他有什么理由"怕"媒体发表自己的观点？如果一定要说有谁在这个过程中应该感到"怕"，那么也更应该是媒体从业人员而非法官，因为前者更应该"怕"自己的预先报道，尤其是有倾向性的报道在事后被证明不过是闹了一个专业方面的笑话而已。

最后，我期望并憧憬着，李昌奎案所引发的舆情代表了今后关于司法之舆情的基本走向：按照司法的逻辑关注司法。当然，从根本上讲，无论从哪个角度看，当我们对媒体、舆论提出这样的"要求"或期望时，其实都一定意味着这样一种预设：司法官们本身能够自觉且一以贯之地按照司法的逻辑进行司法，而不应动辄为法外因素所影响，乃至左右——不管这种影响是司法官的主动选择还是被动接受。

结语

我相信，对于司法改革这一工程来讲，首先应当坚守的是"司法"，然后才是"改良"，而不应该演变为"改革司法"。这意味着无论怎么改，都必须保持司法法律之下的纠纷裁判者角色，都必须保持司法的中立性和独立性，都必须保持司法程序的单纯性和纯粹性。因此，对于司法改革来讲，不是不要回应民情民意，当然更不是单纯地为迎合民意而迎合民意，而是要在既定法律的框架下，按照司法的本来面貌那样去对待民意，解决司法能够解决的问题，承担司法应当承担的社会角色。

舍此，司法别无出路。

（本文中的第一、三部分分别原载《法制日报》
2011 年 3 月 23 日以及《检察日报》2011 年 10 月 20 日）

谈司法观念中的"高大上"追求

马克斯·韦伯（Max Webber）曾指出，传统中国文化具有相对更讲求实质理性的特质。这一判断可以大致翻译成这样一个意思：对传统中国文化而言，只要结果是"好"或"对"的，则过程及手段如何就相对不那么重要。这与稍晚时候专治中国历史的黄仁宇的如下观察具有内在的一致：传统中国人有一种凡事喜欢问道德上是否高尚、可欲，而不喜欢问方法上是否可行的思维倾向。

韦伯、黄仁宇确实不愧为学术巨擘，因为时至今日，我们仍然可以清晰地在当下中国的很多社会现象中感受到如上特质或倾向。以本人近年来持续关注的司法领域来说，其中就存有大量明显只关注结果是否具有道德可欲性而不问或几乎不问方法是否可行的"追求"。

这里不妨分别列举两种"追求"。

"我们一定要把××案办成铁案"就是这样的典型"追求"。当然，有些时候这一"追求"还会表现为如下更为夸张的形式，"我们一定要把××案办成经得起人民考验、经得起历史考验的铁案"。毫无疑问，"铁案"一定是具有足够道德吸引力和可欲性的，因为谁都希望自己得到的是唯一正确答案，也因为这样就当然意味着办案人员或机关没有"可与不可日变"的擅断空间。然而，此处问题的关键或许不是"铁案"本身是否具有道德可欲性，而是这样一点：以人类——请注意不是"我们"——现有的手段及能力，我们有没有可能把一个案件办成铁案？回答当然是否定的。第一，至少在司法中，法官所面对的绝大部分案件事实都发生在过去，而在时空穿梭机没有被发明出来之前，法官并没有办法回到过去，这意味着他真正得到的案件事实（案情）其实是根据现有证据重构、回构，也即至少一定程度上是通过主观想象加工出来的；第二，至少在司法领域中，法官用来真正作为案件结论小前提的"事实"其实不是、也不应该是"赤裸裸"的或者用康德的话讲"物自体"意义上的生活事实本身，而是被赋予一定法律意义的事实：以"刺人案"为例，法官要的不是"谁的手握着一把刀刺入了另一个人的身体"这一生活事实，而是"谁通过用刀刺人这种方法实施了一个故意伤害（或正当防卫等）的行为"，很显然"故意伤害"不是赤裸的生活事实本身，而是法官结合案情本身、案件语境及当前立法赋予这一事实的法律意义。显然，在这里，"意义"注定具有主观性，或至少不可能有"铁"一样的意义。①

申言之，只要人类尚没有发明出时间机器，只要作为案件小前提的事实一定需要法官赋予其法律意义，更不用说用本就具有模糊性以及多变性之本质的人类语言表述的、作为案件结论大前提的规范本身亦不可能如"铁"般坚硬，则至少可以说在司法的领域，应不存有办成"铁案"的可能。至于"经得起人民的考验、经得起历史的考验"则更是浪漫的、文学化的修饰，因为考虑到"人民"是由一群主观偏好、价值标准存有差别的人构成的集群概念；再考虑到谁也无法确知将来的人会以何种标准评判今日之事，则更符合

① 有关这一点，还可结合《司法官角色的三个比喻》一文第一部分"司法官与历史学家"以及《也谈事实认定即猜测》一文来理解。

事实的说法充其量是：我们将努力使结论，也即我们的结论可能经得起大部分人民的考验，我们将努力使结论，也即我们的结论经得起某一段历史的考验。

而我国诉讼法领域普遍遵行的"实质无终审制度"则在某种程度上可视作典型的"高大上"制度追求。如所知，法院系统形式上推行的审级制度是"四级两审终审制"，但由于三大诉讼法又同时设置了"再审"制度，并且对于再审并没有作次数等方面的限定，这使得从制度逻辑本身讲，实质上是无"终审"的。换言之，所有的判决结论都始终不具有完全且"安全"的终局性。你可能会说，如果真出现了诸如"有新的证据证明原判决、裁定认定的事实确有错误，可能影响定罪量刑的"［《中华人民共和国刑事诉讼法》（以下简称《刑事诉讼法》）第 242 条第 1 项］之情形，启动再审程序不本就是应当的吗？或者说，如果此时仍然固执于原审判决结论，难道不是知错不改因而也不可取吗？此处其实仍然有一个实质目的可欲性与方法可行性的裂缝问题。从实质结果角度来看，大概不会有人认为"知错不改"是可欲的，然而如果我们换个角度看，则可能会发现这样一系列问题：首先，以人类现有的手段，有谁可以确定经过 N 次再审之后的结论就一定符合实质正义之标准？进一步讲，其次，有谁可以确定经过 N 审的结论就一定比此前的二审甚至一审即是终审的结论更符合实质正义的要求？最后，如果法院始终不能给出一个真正的终审结论，那么，法院是否还有足够的存在必要？如果我们无法对这一系列问题作出肯定的回答，那么，或许更合适的选择就是废止具有明显道德方面"高大上"意味的再审制度，或至少应对之作出比现在更加严苛得多的适用限制条件。此处或许有必要作出特别清楚交代的是：我并不认为终审答案就是

"对"的或符合真正实质正义的，我仅仅是说，由于在当前条件下，我们其实永远无法确知何种答案是"对"的；再考虑到法律领域除了"真理""客观真实"或"实质正义"（假设它们确实应当值得并可能为法律追求）之外，还有很多诸如"安全性"（不妨想想时效制度的根本逻辑）、"确定性"、"可预测"、"经济性"等并非完全不重要的诸种价值的存在，且有时候这些价值可能会与"真实""实质正义"等相冲突，则我们有何充分的理由坚持无终审这种"看上去很美"的制度安排？

你或许会说，多一些高大上的追求目标也并没有什么不可，因为"法乎上者"才能"得乎中"，而"法乎中者"则很可能"得乎下"。如果你确实正好持有这种可能的为高大上追求的"辩护意见"，我想请你先听一个我身边的真实故事：

我友 S 小姐，多年前年方 27 岁，身材曼妙，气貌俱佳，博士毕业于名校。在后来的工作过程中，单位热心人士忙于给当时单身的 S 介绍相亲对象，而那时的 S 总会问一大堆问题，如这个男孩相貌怎样？人品可靠吧？家境好吗？工作如何？有没有出国留学背景？但凡得到的回答中有那么一两样不中意，S 必定拒绝见面。一转眼，S 迄今仍然"单着"。据说，现在如果有热心人士见到她，再提及"我手头有个人，你有没有兴趣见见"，S 问的唯一一个问题是"男的还（是）女的"？

不难想见，并非"红娘"们今日为 S 介绍的可能对象普遍强于 8 年前的"候选人"，那为何今日的 S 几乎一律欲见而当年却始终不满意？原因很简单，因为她 8 年前对男友的预期太高了，进而使得在这个高标准之下，几乎找不到满意的相亲对象。

司法观念、司法舆论以及司法宣传中的"高大上"追求的

"作用"也正是如此：它无形中设定了人们评判司法的高大上标准，进一步使得人们自觉不自觉，甚至惯于以这些高大上标准来衡量、评价司法工作，结果往往就会像8年前的S小姐那样横竖不满意；而如果这高大上的标准其实是司法机关或司法人员无论怎么努力都够不着的（如前述"铁案"标准），则逻辑结果就是，按照这一标准司法机关"怎么做都是错"，而这无疑是令司法人员泄气甚至绝望的。当然，也绝对无益于司法权威、司法公信的树立。

所以，如果你正好有机会参与司法宣传，或者如果你正好有机会参与司法制度设计，又或者你仅仅是一个像我一样的法科教员——你能做的仅仅是影响一些人的司法观念之生成，那么，请你——如果无法彻底摈弃的话，那么——一定试着适度克制自己的"高大上"冲动。

（本文原载《法制日报》2014年12月24日）

司法缘何众口难调

在与在职法律硕士生朋友交流过程中，经常会听到来自司法官，有时候甚至来自执法官的这样的感慨：就算不考虑经验中的各种压力，在某些案件的审理过程中，意欲给出一个被大家所认可、接受的法律结论来真的很困难。有时候，社会舆论满意了，当事人在某种程度上也接受了，但法律职业群体，也许尤其是法学家们总是"横挑鼻子竖挑眼"地找出许多问题来；在另外的一些时候，法律职业群体以及法学专家倒是觉得没问题，可舆论抑或民意却又炸开了锅。

按说，考虑到司法是一种以讲理为根本特征之一的公权活动，再考虑到"人同此心，心同此理"这一常规，则一种司法结论本应该要么既得到公众的认可，又得到专业人士的赞赏，要么就是两者都不赞赏才对。那为什么在实践中司法官们却偏偏很难两头讨好？这其中最主要的原因大概就在于对于一个案件的最终结论，专业人士与普通民众对于何谓"好"或"坏"往往具有本就不相同的判断标准。

熟悉中国传统法律文化的人都知道，它是一种更加讲求实质正义的文化。所以，在这样的一种文化体中，只有诸如包拯那样的半神半人——在案情无法"铁证如山"时甚至可以求诸鬼神——的司法官才可能作出具有可接受性的判决来。因为唯有这样的司法官才可能追问到最后的客观案情，进而达致实质正义。与此同时，也正是因为此类法官能够保证可以追索到客观案情，因而此种文化对于程序或说形式正义相对就容易忽略，甚至可能完全无视。不难想见，浸润并成长于此种法律传统中的当下中国民众，在考究司法结论或任何法律结论时，也一定是以实质正义优先，甚或以实质正义作为唯一判准。

从根本上讲，大概没有人会反对司法官应当根据如山铁证来求得客观且可靠之案情，也没有人会反对符合实质正义要求的判决才是最可接受的判决。但问题的关键是，在现实中，这种如铁的案情进而符合实质正义的判决是否可能？如所知，对司法官而言，至少在时光穿梭机被发明之前，他所面对的只可能仅仅是过去案情的某些片断，这些片断用专业术语讲即"证据"，因而所谓"案情"一定就只能是司法官根据这些片断所想象、回构出来的。可以肯定的是，无论我们的物证技术多么先进，也无论我们的取证多么完善以至于真的可以组成所谓"完整的证据链"，判决结论所依据的"事实"，也即案情都注定只能是司法官想象、回构的产物。从这个角度看，在现实的司法过程中，法官其实根本没有可能达致如铁的案情；更进一步讲，也因如此，所以司法程序当然也就无法保证可以达致符合实质正义要求的"唯一正确判决"。

如果再考虑到当我们设计出各种司法程序以限制、规范司法活动时，就已经注定有许多本有助于司法官回构、推断案情的片断因为其非法性而排斥在司法程序外；同时也注定司法官只能在规定的时间、空间内完成案情的回构，则这似乎就让我们有更充分的理由认为，无论我们怎么完善物证技术、司法程序，最终都无法保证我们能够追问到半神半人的包拯可以追问到的案情以及结论；甚至在某种程度上可以说，越完善司法程序，也许就越远离符合实质正义要求的判决。

一个没有被种种司法神话所禁锢的法律专业人士一方面应当很清楚这种客观、实质正义的不可得或最多可偶得；部分地因了这一前提，另一方面他必定也更加看重程序所具有的规制司法官滥权之功能：对于一个法律专业人士而言，就算一种程序的引入或对既定程序的严苛遵守可能会导致我们更加远离实质正义的结论，但毕竟何谓实质正义的结论本就非我们——并非半神半人的普通人——所知，亦非我们所能达致；并且更重要的也许是，如果不重视程序的规制则必将带来司法权的滥用以及随之而来的对私权之侵蚀，因此，专业人士在考究一个法律结论时，往往习惯于不去追问它是否符合某种实质正义，而仅仅关注或主要关注这一结论的得出是否严格遵守了既定的程序？

在现实生活中，很多时候遵守既定程序得出的结论也往往是民众所预期的所谓实质正义，如一个扒手得到了惩罚，又如一个侵权者作出了赔偿，再如一种合理的权益得到了张扬。可以说，两者的这种较高频度的偶合，一方面固然使司法官在部分案件的审理过程中可以同时讨好普通民众和法律专业人士；但另一方面却也使得人们忽视了其实普通民众与法律专业人士对好判决之判准本有不同的认知。而如果司法官们也正好忽视了这种差别，就容易在面对疑难复杂案件时陷入如下的两难境地：如果其依据法定程序判案，就往往不符合人们对实质正义的要求——更准确地讲，就往往不符合人们想象出来的某种实质正义之要求，因为正如前述，除了"包拯"以外本就没有人知道那个实质正义之判决；而如果司法官去迎合普通民众的吁求或舆论的导向，又往往意味着对程序甚至对法律本身的牺牲，而这必定会导致法律专业人士尤其是法学家的群起攻之。

很显然，我们无法简单地指责法学家的如上立场或观点冷漠、冷酷，因为恰恰只有这种认知才更为理性；我们当然也无法简单地贬斥普通民众对实质正义的期待，因为这种期待本身并没有什么错。可能也正因如此，现实中司法官们总是竭尽所能地作出满足二者要求的判决——尽管很可能很多时候是无意识地在做这种追求；但同样也正因如此，当面对疑难复杂案件时，司法官就必将陷入无法两边讨好的境地。而这其实也正是司法之所以难的重要原因所在。

同样明显的是，在我们这样一个实质正义文化浓烈的国度，在建设法治社会的进程中司法官就必须从现在开始，在每一个案件的审理过程中都按照司法本身的逻辑，按照既定的程序之要求，在保证相关结论能够得到法律专业人士认同的这一大前提下，尽可能地呼应普通民众的吁求。因为唯有如此，才符合法治的本来面貌，才有助于我们推动法治中国的建设；也只有如此，一种公权得到有效规制、私权得到积极张扬的良善格局才有期可待。

（本文原载《法制日报》2012 年 1 月 4 日）

疑难案件更要注重说理

最近，当年引起颇多关注的"许霆案"当事人许霆先生决定就自己的案子提起申诉。套用当前的流行话语，许霆先生的本次申诉可以说是继该案的一审、二审之后的"第三季"。对于"许霆案"第三季的可能剧情，有专家通过媒体指出，"申诉立案的可能性很小"——若果真如此，则推翻原审判决的现实可能性就更小了。

老实说，笔者亦持此种判断，这不仅仅因为如果改判将对司法公信力造成伤害，更重要的原因还在于，当年的判决从法律角度本来也讲得通——关于这一点，有兴趣的读者可以去翻阅"许霆案"二审判决书（网上可查）。

但必须马上明确的是，笔者认定当年的判决从法律角度讲得通，并不意味着笔者赞赏或认同该判决。

这看起来似乎有点儿矛盾，因而需要作必要的分析、说明：一如所有疑难案件*，许霆案本来就存在多种可能的判决结论，并且可以肯定的是，在这多种可能的判决结论中，并没有一种绝对压倒另外几种。换言之，它们的可接受性更多地是一个程度的差别，并且很有可能是细微的程度差别。以许霆案为例，定性为盗窃是一种

---

* 其实，我本人更愿意用"非典型案件"来指称那些没有明显而确定且无争议的法律依据的案件，本书遵循大多数人的表述习惯，而用"疑难案件"。

具有可接受性的结论；但定性为不当得利、侵占乃至正常的合同履行行为也同样是具有可接受性的结论。

对于不当得利或侵占的定性，已多有论者进行分析、论证，这里仅仅对正常的合同履行行为之定性作出简要说明：我们知道，很多银行曾经或现在仍然在柜台处贴着这样的告示，"钱离柜台，概不负责"，这种告示的实质是单方给定的关于银行存取款服务标准的格式合同条款。对于银行而言，想来对于"不可能多给顾客钱款"这一点是有充分的自信的，要不然也不会强加这种霸王条款给顾客。如果许霆取款的那家银行曾经或现在仍然贴有这样的告示（很可能如此），那么，银行取款机多给许霆钱而许霆不予归还就可以视作是对该格式条款的履行：作为消费者，不能在银行少给钱的时候只能打碎牙齿和血吞，但银行多给钱的时候却要承担主动返还义务。

必须承认，如上多种可能的结论，每一种都各有其可接受性，但每一种也可能各有其问题。以法院实际作出的盗窃判决结论看，许霆的行为粗略地看确实符合盗窃的构成要件，但这种判决也存在各种问题，其中（以笔者所见）目前为止尚未被关注的一个问题在于：按照它背后的逻辑，那么，当某一天不是 ATM 机而是柜员多给顾客钱款时而后者又没有主动、及时地归还时则同样构成盗窃；这种逻辑进一步推衍下去就是：银行至少在取款业务方面实际上并不需要各种保安措施，也不需要柜员甚至 ATM 机，而只需要直接把钱从国库取出来堆在广场由取款的顾客"老老实实"地按额取款并办理相关手续就好。顾客之所以一定会"老老实实"，是因为如果一旦他没有按照操作程序中填写的数额多取了钱，就将构成盗窃——当然，如果不幸他少取了钱，银行是"概不负责"的。显然，这对于银行而言当然是好事儿，因为那意味着大笔运营成本的节省，但这种局面根本上当然是不可接受的，因为它对顾客太苛刻，而对银行太优待，也因为它实在有悖常理、常情。

但尽管许霆案的实际判决存在这样或那样的问题，我们仍然必须承认，它是一种从法律乃至法理上讲得通的结论。那为何笔者并不认同此种判决？这主要是因为它违反了当前商业社会中一条得到普遍认同和遵循的基本价值准则：在经营者与消费者之间，消费者的权益应得到优先保护。

诚如前述，任何疑难案件都可能存在多种具有平行说服力的判决结论，因此在疑难案件的裁判过程中，法官实际上要做的就是在这些可能仅仅在说服力或可接受性程度方面存在细微差别，而非对错分明的诸种判决结论中择取其中的一种——套用学术术语可以说是，其实质是法官通过价值衡量来进行最后的选择。也就是说，法官想要通过疑难案件的审理以及对某种结论的选定来达致何种价值或利益的优先保护？疑难案件裁判过程中的这种价值衡量实质，使得法院或法官至少在给疑难案件作出判决结论时，必须进行充分的说理，而不能简单地以"本院认为"作为择取某种判决结论的"唯一理由"：其必须告诉当事人、公诉人、公众较为充足的理由。

可以想见，这种理由很可能不是单纯的法律规定，因为如果可以依凭单纯法律规定进行判决的案件本就不是疑难案件，而往往需要或至少往往同时需要法官援引某种"理"，这种"理"可以也可能是如下任何一种：蕴含在法律规定中的法治精神、原则；一个社会的公序良俗、公共道德；当前具有较大影响力的学说，相关领域内通行的习惯或发展趋势，等等。

可以预见，法院在疑难案件中讲理尤其是讲如上的"理"时，一定会遇到这样或那样的挑战、质疑，但作为一种本就以讲理为天职的公权机构，法院有义务去承受这种挑战或质疑，并有义务至少尝试着去迎战、回应甚至"打败"它们。可以说，只有法院不断地讲理、不断地以理服人，才可能真正确立法院系统自身的公信力。

让我们回到许霆案。法院的实际判决之所以无法得到笔者的认同，就是因为它充其量只是证成了定性为盗窃是可取的，但却没有清楚地证成为何定性为盗窃是最可取的？相应地，如果把消费者权益保护法的基本精神"消费者权益优先保护"作为判决书讲理的基础，进而得出"许霆不过是履行格式条款合同"的结论，则很可能是更有说服力的；更重要的或许是，也才符合当前商业社会的基本伦理。笔者相信，这大概也正是为什么发生在英国、荷兰或其他国家的类似"许霆案"的案件几乎无一例外地判决当事人没有过错并责令作为经营者的银行整改的原因所在。

在《食品安全问题频发，谁之过？》（载原《法制日报》2011年6月1日）一文中，笔者曾经指出，今日中国之所以食品安全问题频频产生，原因是多方面的：有经营者的不负责任，有监管部门的失职，有消费者的不成熟。其实，不仅仅食品领域如此，在所有消费领域几乎都可以作如是观：如果某一消费领域问题频发，一定不是单纯的某一方面造成的。在这个意义上，笔者举双手赞成许霆先生提出申诉，不为别的，只为"想把事情说清楚，我就来搏一下，四两拨千斤，搏成了就成了，搏不成就算了，这个事件是个公众事件，我自己明白了，也要大家知道真相"（许霆受访时语），也就是说，只为让消费者在享受银行服务的过程中更加成熟、理性起来，以促进银行系统更为良善地服务。

（本文原载《法制日报》2013年6月5日）

司法官角色的三个比喻

从逻辑上讲，所有的法律决策、当然包括司法决策，都一定最终表现为三段论：以规范为大前提，以事实为小前提，然后进行演绎推理得出结论。

这一点即便是在判例法实践中也是如此。很多人之所以认定判例法中司法决策表现类比推理（所谓"类似案件类似处理"），其实是误会了判例法中的类比推理真正解决的只是先例识别问题，即通过类比来选定此前的哪个案件判决才是本案最恰切的判决参照。而实际上，司法官选定该先前的判决之后，要先通过梳理其中的判决理由进而抽象出一个规范来，如通过梳理一个此前的虐杀案件得到一个"虐杀行为的实施者应当被判无期徒刑"的规范，然后再用这个规范作为大前提运用到当下案件中来。

在本文中，我将分别用一种大家相对更易理解的社会角色来对比说明司法官在解决司法决策大、小前提以及得出结论的过程中，实际上分别在做什么，以期与大家就司法决策的过程作一个更生活、生动的说明——必须明确的是，生活、生动未必就肤浅，事实上，我将通过这种生活、生动的说明，来从根本上揭示、证成当前关于司法决策的很多所谓权威理论、通说很可能无法成立。

那么，为什么是"司法官"而非"法官"？这是因为，在当前的话语体系中，检察官一般也被认为是司法者，而本文的分析当然同样适用于检察官。换言之，此处所谓"司法官"实际上指的是：运用公权参与司法过程并有权作出相应司法决策的人（或机构）。

一、司法官与历史学家

长期以来，人们似乎都习惯以"铁证如山""秉公办案"或"严格依法判案"等诸如此类之标准来衡量司法官的办案过程，因此，若有人将司法官比作历史学家这种主观性强、个人偏好明显的理论职业者，就很可能会被嗤为"笑话"或至少会被认为降低了司法裁判工作的严肃程度。但我却真切地认为，至少在认定案件事实的过程中，司法官与历史学家确实很有一比。

首先，在认定事实的过程中，司法官和历史学家面对的都是过去的、因而也不可再现的事实，这意味着无论是司法官还是历史学家，都只能在如下意义上进行相应事实的"认定"而非典型意义上的"发现"或"发掘"：他（或她）只能根据过去遗留下来的痕迹或片段去推断过去的事实——尽管有些"痕迹"可能像书证、物证那样具有很强的客观性，并且有时候诸多痕迹可能也确实足以而形成充足的证据链，但"痕迹"毕竟只是过去事实的片断而非事实本身，并且所谓证据链之"充足"，也并非痕迹群自身显现出来的一种属性而必定是理性加工、重组和确认的产物，因此，经司法官或历史学家所认定的事实就一定是他（或她）根据其目前所能够掌握的诸种痕迹去推想、回构出来的"事实"；也因此，这种事实一定不可能是物自体意义上的本真事实，而是掺杂了很多主观性和偶然性的虚构体；或者用当前网络朋友的话讲，历史学家或司法官所谓的事实，一定都是他们"造"出来的，因而一定充盈着主观性和偶然性：司法官能收集到怎样的片段具有极大的主观性和偶然性，面对同样的片段采取怎样的回构思路具有极大的主观性和偶然性，面对同样的案情也可能赋予不同的意义（如"用刀砍人"这个案情就可能分别被赋予正当防卫、无过错行为、故意杀害等）——而意义的赋予当然同样具有主观性和偶然性。

由是，我们会发现，现实主义法学者弗兰克（J. Frank）的那个当年为人所不理解甚至反感的"事实即猜测"之观点，其实在一定意义上真的道出来了司法审判过程中至少某个层面的"现实"——原来作为案件裁判结论之大前提的事实并非像理想主义者所宣称的那样是哲学或物理学意义上的"客观事实"，它们不过是司法者推测、回构，极端点儿讲即猜测之产物罢了。也许，对于怀有"高贵之梦"的理想主义者来讲，"事实即猜测"可能显得过于残酷，并且也显然与他们长期以来所持有的某种关于司法之基本认知、基本情感以及所预期的基本司法伦理相左，但很多时候现实不正表现为残酷且非道德的？

其次，正如历史学家在认定某种历史事实时最后总是要诉诸自己的专断（无贬义，大体对应于英文单词 discretion）一样，司法官对案件事实的认定也总是一项专断的活儿。我们都知道，一个历史学家尽管在得出结论之前要经过各方面小心地求证，但最终结论的得出却一定是其个人意志的结果，而非甚至也不应该是民主协商的意思。相应地，司法官尽管讲究重视证据、讲究兼听则明，但从审判权力独立，因而审判责任独立的角度讲，最终的案件事实结论一定是，也应该是司法官个人意志的产物。概言之，一定是并且应该是司法官专断（再次强调，无贬义）的产物。或者换句话说，作为司法结论小前提的"事实"，其本质是司法官关于事实的一种可能（a）的判断而已。在这里，"一种可能"的意思是：在司法决策的过程中，从没有人掌握了关于案件事实的绝对真理或终结答案。所以，我在各种场合经常强调，所有司法官，一定要对事实保持一种战战兢兢、如履薄冰的敬畏心，因为一方面从没有谁掌握了事实的终极答案；但另一方面恰恰是司法官所选定的那个"a"才会被强制执行，而执行的结果往往意味着不可回复的人头落地、自由被剥夺，或其他虽可回复但毕竟造成既定伤害的财产被处置。

那么，我为什么说案件事实不仅仅"是"而且还"应该是"司法官专断的产物呢？这除了源于审判独立的考量外，还源于对司法权之判断属性的考虑。所谓"判断"，最新版《现代汉语词典》对之作了这样的解释，判断是"思维的基本形式之一，就是肯定或否定某种事物的存在，或指明它是否具有某种属性的思维过程"。既然判断根本上是一种"思维的形式"而非言语或行动的形式，因此不难想见，所有的判断都必将充分而显明地体现判断者的主观性、个人性。换言之，所有的判断都将必定是因而也应当是判断作出者专断的产物。在这个意义上我们可以说，司法权作为一种判断权根本上就是一项专断的权力。可能也正是基于此种认识，所以才几乎没有一个现代法治国家宣称或实践司法裁判过程中的"民主判案"模式，即便在民主理念得到最广泛认同并几乎被确立为其他公权领域运作之根本原则的今天也仍如此。也许同样是基于此种认识，所以前人以及今人才都不约而同地对司法活动提出了远远严于其他国家权力之运作的程序性限制——这在英美国家更为明显，所谓"程序即法律之生命"的法谚已经很好地标示出这一点。

聊及此处，也许我们还可以对古人所践行的各种神判方式进行某种程度地"平反"。尽管长期以来人类学家一直在呼吁人们应当对他者文化中的一切因素作同情之理解，但即便是人类学家自身似乎也认为，有些存在于他者文化中的因子尽管有其语境上的合法性，但却并不具有一般或抽象意义上的合法性。这典型地表现在对神判现象的看法上。如法人类学学者霍贝尔（E. Hoebel）就认定，原始人的某些神判模式尽管（现在）看上去不甚可取，但在当时当地却可能具有良好效果。事实上，我们几乎可以说，西方学界普遍地持有这样的观点：正因为神判模式的不可取，所以自十四五世纪以来它才为更可靠的陪审团制度及实践所取代。然而，如果放在本文的视角下来考量就会发现，既然所有的案件事实之——不管它是为司法官个人，还是为陪审团集体——认定都注定是一种猜测，那么，至少在面对疑难案件时我们并没有足够的理由认为陪审团（或司法官）的猜测就一定比神判这种事实猜测方式更为可取；我们甚至可以说，考虑到神判所具有的非感情性（陪审团或司法官总是或多或少会为自己的情感所左右，如为被害人的悲惨遭遇打动）和庄严性（神判制度总是伴随着或寄托着某种严肃的宗教情感），也许在很多时候，它可能反而比陪审团甚或司法官的事实认定结论更为可取。如果这个结论能够成立，则神判这样一种案件裁判方式至少在事实认定方面的合法性确实有其存在的普遍性基础而非仅仅语境性基础。

最后，或有必要补充说明一点：把司法官的事实认定工作比作历史学家的史实认定工作，其实并没有贬低司法者或司法审判工作的严肃性。如果非要说这一类比贬低了谁的严肃性，更大的可能或许是贬低了历史学家的严肃性。因为对于历史学家来讲，某一历史事实如果仅仅证据不足，则他万万不敢、也不应断然宣称该历史事实"不存在"，并且历史学家为了证立或证否某一历史事实可以用穷其一生的方式进行；而司法官则可以坚决且合法地判定某一证据不足的事实"不成立"（实际上也就是法律意义上的"不存在"）。

而且，司法官在认定案件事实的过程中也要受到时间、程序等各方面的制约，而这又必定使得司法官对事实的认定相对历史学家皓首穷经地查证某一历史事实而言更加"草率"。

二、司法官与传教士

在文学影视作品中，我们常常可以看到传教士的角色。这种角色最重要的工作是"传道"或"布教"，而所谓传道其实就是指传授本宗教圣经中所蕴含的处世精神、办事原则及行为规范。一般来说，传教士在传道时总是以一种言之凿凿的态度进行——俨然其所依凭的"圣经"* 已经为所有信徒的所有问题提供了所有现成的答案。

这里之所以说"俨然"圣经已经为所有信徒的所有问题提供了所有现成的答案，是因为稍作深入的理性思索就会发现，无论是哪种宗教中的哪一经典，作为一种过去时代的作品，当其面对不断发展的信徒生活时一定会出现诸如时滞、乏范、冲突、模糊等或严重或轻微的不足。也就是说，无论是怎样的经典，都不足以真的为所有信徒的所有问题提供所有现成的答案。当然，对各大宗教史的进一步了解也告诉我们，不管是基督教、伊斯兰教、佛教还是其他宗教，乃至并非严格意义上之宗教的儒教，都需要通过诸如大公会议决议、类比、论藏或新儒学学者对经典的不断阐述来弥补或缓解经典之于现实生活的种种不足，而所有这些不正说明各类宗教中的"大咖"们很清楚自己的"圣经"不完美？

可以肯定的是，各大宗教的传教士尤其是大主教自己其实很清

＊ 此处"圣经"并不专指基督教的《新约全书》《旧约全书》，而指所有宗教中最权威的那个经典，如《古兰经》就是伊斯兰教的圣经，《论语》则是儒教的圣经（假定存在儒教）。

楚如上这一点，因为正是他们通过决议或其他方式来发展圣经中的
"道"，但这并不"妨碍"一旦他们穿上教士服开始传教，就仍然
会以一种确然而然的态度进行，因为唯有如此他们才能使信徒们相
信：圣经真的是完美的，并且也正是这种完美不断地赋予传教士以
解决所有问题的权威、力量。

如果如上关于传教士及其职业的描述能够成立的话，那么，至
少仅此而言，传教士其实颇为类似面对立法之法的司法官。为什么
可以作这种类比呢？

从逻辑上讲，无论各宗教组织采取公议、类比等哪种方式协助
传教士可以在"偷偷地"修正圣经之内容，同时又维续信徒对圣经
的信仰以及对传教士及其工作的尊重，但偷偷地修正也毕竟是修
正，换言之它必定意味着圣经其实已经被当下人所修改，因而传教
士所依据的也不再是原汁原味的圣经本身。相应地，如果我们承认
立法之法*面对不羁的生活世界也必定会具有这样或那样的不足，
那么，逻辑上的结论就只能是司法官需要对立法之法进行必要的加
工方能为当下案件提供一个可接受的规范依据。而所谓"加工"，
当然也就意味着司法官所依凭的规范依据不再是单纯而纯正的立法
之法。这就是说，类似于理想主义者所想象或所期望的那种司法官
"严格依法办案"其实根本上是不可能的，因为立法之法本身就是

---

* "立法之法"是我个人的用词偏好。我一般用它来指称"立法机关事先给
定的法律"。为什么要生造这样一个术语？这是因为用法者真正适用的法律，也即
作为最后法律决策结论大前提的那个"规范"（相应地，我把它称为"用法之
法"）并不一定等同于立法之法（至少疑难案件中就显然并非如此）——这就正
如传教士很多时候，真正依据的其实是通过大公会议等修正、发展了圣经条文
而非原教旨意义上的圣经条文一样。

不完善的。这是问题的一个方面。

问题的另一方面是，一如圣经是传教士的安身立命之所一样，立法之法其实也正是司法官职业生命的根本依凭，因此，如果司法官总是通过不断地修正立法之法来裁决案件，则意味着司法官实际上在不断地侵蚀作为其生命依凭的立法之法、不断地挖自己的墙脚。不难想见，如果哪一天这种侵蚀现象为社会公众所清楚地意识到并达成共识，那么，将毫无疑问地使他们认定，原来司法官根本是无法司法或造法司法，而这将很有可能造成司法职业自其存在以来最严重的合法性危机。

因此，司法官的裁判工作总是面临着如下两难：它必得一定程度上修正立法之法才能为当前案件提供可接受的答案，这尤其体现在疑难案件之中；与此同时，罪刑法定等法治基本原则以及人们长期以来对司法职业的某种期望又"命令"司法官必须严格地依法判案。

可以说，正是司法官必须时时接受如上这一困境带来的挑战，才使得我相信司法官在面对立法之法裁判案件时与面对圣经进行布道的传教士有内在的相通。这种内在的相通固然首先是一种表象上的，但却同时可能意味着我们其实也可以借鉴宗教界的某些做法来协助司法官走出他所面对的根本困境。那么，为什么公议、类比等内容明明已经实质上修正了圣经的内容而信徒们却仍然相信传教士是在传圣经中的"道"？在我看来，唯一的解释也许就在于传教士布道过程中的某种姿态，我们可以从如下多个角度这样描述此种姿态：首先，传教士明知道圣经有冲突、矛盾、漏洞、模糊、时滞等问题，但仍以肯定、确定且一定的姿态宣示其内容。其次，传教士明知道圣经的内容有时是零散甚至混乱的，但却仍然要尽量通过其布道工作而维续它的整体性。最后，传教士明明在圣经之外（如公议），也即拓展了发现"道"的场所以便更好地面对当下生活世界进行传教，但却坚持紧紧围绕圣经说事儿，也即坚持向信徒表现出他（或她）所宣示之道根本上来自圣经，而非公议、类比等其他场所；或者换言之，传教士为了与现实生活保持一种同步性，明明需要仰赖其他资源来对圣经进行必要的加工，但却总是尽可能地压抑这种加工工作的外在表征——孔夫子当年宣称的"述而不作"之工作态度就是典型：明明结合当前形式对周礼这一经典进行了必要的修正，但却宣称自己不过是"克己复礼"而已。最后，也是最根本的是，所有的传教士长期以来都保有如上诸种姿态，以至于信徒们已经从内心里形成了某种思维定式或思维惯性：传教士就是维护圣经权威的那个群体。

我相信，能够从根本上保证司法官游刃于如上困境的并非梅因爵士（Sir H. Maine）所开出的立法、衡平与拟制等药方，而只能是类似于宗教界传教士的如上种种姿态，这些姿态要求所有的司法官必须始终在立法之法前面保有不走的虔诚、谦抑；这些姿态要求所有的司法官必须始终紧紧围绕立法之法来构建其裁判结论的规范依据；这些姿态还要求所有的司法官必须具备足够高的专业素养和职业道德，并始终使自己的职业行为有利于促成如下局面的形成，在这种局面下，所有的社会民众都乐于相信，司法官群体就是现代国家的法治看护神，就是法律帝国的将相王侯，就是现实世界的赫拉克勒斯（Hercules，古希腊神话传说中全能的大力神）。

而如上种种，也正是把面对立法之法的司法官与传教士进行类比所带给我们的最大启示。

三、司法官与歌手

年轻的朋友，尤其是喜欢通俗音乐的年轻朋友肯定注意到这样一个现象：一首同样曲子与同样歌词的歌曲，却可能会因不同歌手的演绎而产生很不相同的效果。我个人印象最深的就是《很爱很爱你》，刘若英版（也是原版）的这首歌温文婉约，颇有小资情调；但迪克牛仔则唱得很是摇滚、奔放，以至于你根本难以想象其中的脉脉温情，甚至乍听之下很难发现他俩唱的原来是同一首歌。

这与传统中国的戏剧就很不相同。以京剧为例，票友们都知道，京剧要求的是同样曲目必须在包括唱腔、声韵、脸谱、行头、表演程式甚至演出习俗等所有方面的高度一致，这种一致性之程度至少得让听众立马可以品出演员所属派系方可称得上小有功底。

行文至此，我不由得想起了不久前的一篇新闻报道，该报道称××法院（具名略去）正组织力量开发判案软件，以杜绝枉法或任意裁判现象的出现。从逻辑上讲，只有该法院实际上认为司法官或者说判决结论的作出其实类似于京剧表演，也即判决结论的作出有可能也应该保持至少某个层面的高度一致，才会组织此种"科研活动"。在这里，所谓"某个层面"具体说来即：只要作为判决结论大前提的规范以及作为判决结论小前提的事实已然确立，则案件结论就会变得唯一而确定。

其实，我们先不说一方面如果案件结论的大小前提都已经确立则根本就无多大必要去仰赖所谓判案软件来得出结论，因为正是两个前提的确立才需要更大的智慧和更多的精力；另一方面如果一位司法官要处心积虑地有意作出某种裁判结论，则其主观性完全可以在事实认定以及法律识别的过程中得到充分的体现（具体可参阅本文前两部分）。仅就这两个方面来说，组织开发判案软件就一定是个吃力不讨好并最终只能落下个笑柄的事儿——我始终认为，除了档案管理、资料检索等具有明显机械操作意味的技术性、辅助性活儿外，司法官真正的核心工作（大、小前提的确立以及结论的得出），都不可能通过诉诸判案软件来得到很好的结果，因为正如前两部分的分析已经表明的，尤其是面对疑难案件时，一定要、也应当通过法官的主观加工才能妥切地确立大、小前提；也因为如下即将涉及的第三点。

司法决策的过程中，是否真的大、小前提确立之后就应该禁绝法官的主观性？举例来说，一个"情节恶劣"强奸案的案件事实已经查明，并且作为大前提的刑法规范也已确立，那么，是否就可以保证以及应该得出一个唯一而确定的结论？答案显然是否定的，因为第一，所谓"情节恶劣"，恶劣到了何种程度是个必得仰赖司法官主观判断的问题；而这个问题又关联到第二，根据《刑法》第236条的规定，此种犯罪应当处"十年以上有期徒刑、无期徒刑或者死刑"，换言之，刑法只给定了一个相当宽泛的量刑幅度，此时，具体处以怎样的刑罚也一定需要仰赖司法官的主观判断；更重要的也许是第三，一个好的判决结论在很多时候本就应该充分地考量、回应案件所处的社会背景、具体语境，也就是说，在某些情形中会存在一些无法用立法明确但又确实应该予以考虑的因素将肯定会进入并影响判决结论——仍以本案为例，其实所谓"情节恶劣"本身就可能包含社会影响恶劣的成分在内，而所谓社会影响在很大程度上恰恰取决于案件背景。这意味着，即便案件结论的大小前提已经确立，也不足以保证甚至也不应该导致案件结论是唯一且确定的。

我们还可以作更进一步的追问以发现更进一步的启示。在诸多的案件背景性因素中，哪些因素才会真正影响到案件结论呢？又是什么才是这一问题的根本判准呢？首先，当然不是这些因素本身或这些因素与案件结论的内在关联本身，因为它们自己并不会说话、更不会自动显现于判决结论；因此，就只能是司法官的判断才是某一因素是否应该进入判决结论的根本标准。那么，又是什么影响司法官的判断呢？一言以蔽之，该司法官所具有的某些前见。"前见"是一个解释学范畴，大体指的是一个人在思考或判断某件事之时所具有的因为他此前所有人生经验而带给他的思维平台、基础。譬如对于司法官来讲，构成其判断前见的内容将包括他的专业训练、职业经验、生活历练、个人价值观乃至个人秉性等。考虑到大部分司法官在专业或职业层面的前见可能并不会有太大的不同，因此，有理由相信，导致司法官面对大小前提一致之案件却往往作出不同判决结论的前见，将主要是一些由日常生活或个人偏好带来的。也许有人会认为，司法官克制这些方面的前见不就可以避免案件结论的歧异吗？可以肯定的是，如果司法官能够有选择地克制某些前见，那么这种建议当然可取。然而，正如解释学的研究所已然表明的，所谓克制某种前见从根本上不可能，因为正是各种前见有机地构成一个人的全部意识，因此，即便你有意去克制某种前见，该前见——作为你进行克制该前见之整体意识的有机组成部分——也会通过这种克制重新潜入到你的结论之中。因此，解释学泰斗加达默尔（Hans Gadamer）才明确指出，前见对结论的影响是一种事件而非行为，换言之，它不是有关主体可以主观控制的。至此，我们可以得出这样的结论：作为司法官主观世界之构成部分的各种前见都可能会影响或决定判决结论的样貌。仍以前述强奸案为例，我们完全可以想见，如果裁决该案的正好是一位其女儿曾被人强暴过的司法官，则其判决结论尤其是量刑幅度一定会与没有相关人生经验之司法官的有所不同。也许正是，并且也只有在这个意义上，我们才能理解为什么现实主义法学者反复建议并强调律师开庭之前应当好好研究主审法官的生活经验、个人秉性以及当日心情等看似与案件审理不着边际的因素。

因此，如果说作为案件结论大前提的规范是一首歌曲的曲儿，而作为案件结论小前提的事实是一首歌曲的词儿的话，那么，我们完全可以说司法官其实就类似于面对词曲相同之同一首歌的不同歌手：他不仅仅事实上会唱（判决）得不一样，而且也应当唱得不一样，否则他就会因为自己工作的过于机械而不足以被认为是一个好歌者（司法官）。更明确点儿讲，正如优秀的歌手会并且应该赋予同样的歌曲以不同的个性一样，优秀的司法官也会，并且很多时候也应该赋予判决结论以充分的个性——只不过赋予判决结论个性的虽然事实上是司法官的个人偏好，但在判决书中却往往表现为对案件中特定个性因素（如其中的背景性因素）的特别考虑罢了。

最后，还有必要对如下一种可能的诘问作一种预先的回应：若按照本文的逻辑，则一个违反"相似（同）案件相似（同）判决"这一基本司法原则的司法官才是优秀的而那种追求司法结论之整体性的司法官反而有问题？对于这种诘问，以从两个方面予以回应：首先，从理念上讲，或者仅仅作为一种理想日标来讲，我并不反对"相似案件相似判决"这种说法，但问题的关键是所谓几个案件是否"相似"不总是一个由司法官主观认定的？举例来说，椅子、鲜花与狗三个事物之间哪两个才更相似呢？如果选定是否有腿以及有几条腿作为判断的关节点，则结论就是椅子与狗是更相似的一对儿；如果选择是否有生命作为关节点，则结论就变成了狗与鲜花更相似；而如果选择有无意识作为关节点，则显然椅子与鲜花才更相似。这个例子说明，一个案件与另一个案件是否相似从根本上取决于司法官的主观认定，案件本身是否"本来"相似是无从判断的。如果这个结论是可接受的，那么，所谓"相似案件相似判决"其实本就是一个言之无物的空洞原则：它的目的是限制司法官的任意或专断（无贬义），但按其内在运行逻辑又必定需要仰赖司法官的任意及专断。申言之，"相似案件相似判决"作为一项意欲限制司法任意的原则尽管有其目标意义或道德吸引力，但在经验世界或司法实践中却是自反因而也没有意义的。另外，也许并非不重要的是，其次，此处并没有也不打算倡导一种审判理念，毋宁说一如本文前两部分一样，此处只是尝试以一种相对客观之态度去揭示审判过程本身进而引起大家对于揭示审判过程之现实的兴趣而已。因此，此处、一如本文另外两个部分，并不打算介入到任何关乎道德或"好——坏"的讨论之中。

四、结语

在前文中，我通过三个类比，尝试着分别揭示出在司法决策过程中，不管是大前提的确立，小前提的认定，还是结论的得出，事实上都充盈着司法官的专断，并且唯有通过司法官的专断才有可能找到更具说服力的那个结论。如果用一句话来概述作出这三个比喻的目的，则可以是：通过它们，我们可以清楚地意识到，司法决策根本上是一个专断（discretion）的过程。

这一结论，对于某些怀有"高贵之梦"的人来说可能过于消极，因为如果本文的结论是可接受的，则人们还有什么理由相信司法官或司法工作？因此，有必要在结尾处交待本文结论的如下积极意义。

第一，正因为司法决策的过程具有明显的主观性、专断性，所以才有充分地必要加强对司法工作的程序性制约以及事后监督。以事实认定为例：我们知道，物理或化学老师做试验从不讲程序而司法过程一定要遵循程序*，为什么会如此？这是因为物理、化学试验的结果是客观准确唯一的；相应地，如果司法决策也能像物理试验、化学实验那么"客观准确"，则关于事实认定的程序、进而言之整个司法诉讼程序本身岂非多余？

第二，正因为司法决策的过程具有明显的主观性、专断性，所以才有必要加强司法裁判工作的说理性，以充分地展现司法官专断的理由、逻辑，以及充分地向诉讼各造以及社会大众证明：何以选择了某"a"而否弃了另外的几个"a"？

第三，正因为司法决策的过程具有明显的主观性、专断性，换言之司法官个人专业素养及职业道德将在很大程度上决定案件结论的样态，所以才有必要更加严格地遴选司法官，因为唯有通过严格程序的选拔才能选拔出人品和专业皆靠谱的司法官，进而才能使最妥切的那个选择得以作出。

第四，同样是因为司法决策的过程具有明显的主观性、专断

---

* 物理试验、化学实验需要按步骤进行，但自然科学中的"步骤"与司法过程中的程序具有根本的不同：前者是你要得到相应后果必得如此的要求，并且，只要你通过这些步骤，从理论上讲结果就是客观、清楚、唯一的；后者则是一种"应当如此"的范畴，并且它也不保证通过相应程序，结果就一定会怎样。相对应地，物理、化学试验的步骤是根据试验本身的逻辑发现的（所以世界各国的试验步骤一致），而司法程序则是根据司法逻辑人为设计的（所以各国诉讼程序总是有这样或有那样的区别）。

性，所以我们才千万要谨记所谓"铁案"，所谓"唯一正确答案"更多地是一种文学修辞，而不应作为诉讼制度设计的标尺进而使司法官陷入如下某种两难境地之中：如果诉讼制度设定的目标就注定是司法官不可能达致的，那么，司法官岂非"怎么做，都是错"？

当然，最后但也许也是最重要的一点是，第五，无论我们要从关于司法裁判过程的解说中得出什么积极结论，都首先需要真诚地分析、揭示司法裁判过程本身，而非以一种道德评判的立场去希望、要求司法裁判应该是怎样的。本文正是前一进路的一种尝试，因此，重要的也许不是本文的结论如何，而在于本文的这种尝试是否引起了您的反感或认同，并进而引发了你的分析、争辩热情？

如果您的回答是肯定的，那么，本文的根本目的就达成了，或者说，本文的价值也就实现了。

（本文三个部分分别原载《法制日报》
2014 年 4 月 8 日、4 月 22 日、4 月 29 日）

也谈事实认定即猜谜

在名著《初审法院：美国司法中的迷思与现实》（*Courts on Trial: Myth and Reality in American Justice*）中，作者弗兰克刻意设专章"事实认定即猜谜"（第三章）来定调司法决策过程中的事实问题。但实际上，在这一章的讨论中，弗兰克只是剖析了证人以及案件事实的认定者即法官可能出错等方面，进而指出事实不过是"两次主观反应的结果，第一次经由证人，第二次经由事实认定者"，因此所谓"事实仅仅是关于实际事实的猜测，并不能保证这猜测会与哪些过去的实际事实是否相符"。换言之，弗兰克的分析、论证只是证成了司法决策过程中的事实结论并不多么靠谱，而并没有完全揭示出事实认定的"猜谜"属性。接下来本文意欲作出的正是这样一种尝试：比照着猜谜游戏的过程，一一展现事实认定过程中的猜谜特质。

我们不妨先从猜谜游戏本身开始。譬如有这样一个传统谜语，谜面是"黄房子，红帐子，里面住着个白胖子"。我们知道，这个谜语的谜底是"花生"。如果作逻辑分析，可以发现如下四种可能：第一种情形，如果谜面过于简单（如"黄房子"），则很可能没有任何猜谜者可以猜到谜底。同样不难想见的是，第二种情形，即便谜面加更多的内容（如"长在土里""富有营养"等），但猜谜者脑子不太灵光，则他仍有很大的可能猜不到谜底。更进一步讲，第三种情形假设猜谜者见多识广，如他曾经到过被誉为"生物王国"的亚马孙热带丛林因而认识了有甲果、乙果两种果实也符合"黄房子，红帐子，里面住着个白胖子"这一谜面，则当他面对这一谜面时将很可能不会像那些只经验过花生的猜谜者那样给出一个答案，而很可能猜出三个答案（"花生""甲果"和"乙果"）——这实际上也就意味着，任何猜谜者给出的答案都可能仅仅是一种可能（"a"）符合谜面的答案，而当然不意味着这是唯一的（"the"）答案，譬如猜谜者 A 显然没有资格因为他给出的答案是"花生"就断定 B 给出的答案"甲果"是错误的。与此相对，第四种情形，尽管猜谜者足够灵光、聪颖，但他这一辈子从来也没有见过、听过花生，则无论我们给他多少谜面，他都绝不可能猜到"花生"这一谜底。

可见，影响答题者最终给出之谜底的因素至少包括如下三个方面，并且很显然我们无法简单说这三个方面中哪一个或哪几个才是更重要的，我们只能说它们缺一不可：第一，谜面的数量和"质量"（即与谜底的关联紧密度）；第二，猜谜者的想象力或灵光程度；第三，猜谜者的人生阅历：对于同一个猜谜者或脑子同样灵光的猜谜者来说，当他们面对同样的谜面，此时其人生阅历是否丰富就成为根本性的决定因素。

如果我们把司法决策过程中对认定事实的各个环节作如下类比，大概并不会那么突兀：谜面是法官收集到的各种证据以及他用以回构案情的其他案件片断（其他法官事实上会用以回构案情但一般不认为是证据的因素，典型者如法律、逻辑常理等）；事实认定的结论即猜谜者给出的答案；而猜谜者当然是法官（或其他事实的认定者）。不难想见，一如不同猜谜者面对同样的谜面可能给出不同答案，不同敏锐程度以及不同人生阅历的法官很可能面对同样的证据得出不同的事实结论——这也正解释了何以不同的参与诉讼的各方很多时候面对同样的证据却得出不同的事实结论；相对应地，任何一个法官给出的关于事实的结论尽管可能符合当前已经收集的各类案件片断，但这绝不意味着因此其他任何事实认定结论就是不可取的、更不用说就是"不准确"或"不正确"的。

换言之，第一，在事实认定的过程中，证据当然重要，但绝非唯一重要的，甚至都很难讲是最重要的，因此所谓"打官司就是打证据"的日常说辞或"刑事审判工作最难的部分就是认定犯罪事实，认定事实的依凭第一是证据，第二是证据，第三还是证据"之司法观念实际上是一种根本上不成立的论调；第二，法官的素质以及人生经验将在很大程度（至少与证据一样重要的程度）上决定关于事实认定的结论；第三，在事实认定的问题上，无所谓"客观""准确""确实、充分"，有的只是一个结论能否圆洽当前所已经收集到的所有案件片断，进而哪个结论更加圆洽——所谓作为案件结论小前提之本质是事实认定者给出的一种可能（"a"）。

进一步的推断则是，第一，法官应当以更加开放的心态平等地对待包括自己给出的事实结论在内的所有各种结论，而不应像当前的惯习那样以"（依法）不予采信"四个字简单粗暴地否弃其他人关于事实的"猜测"。这不仅仅因为所有猜测都不过是一种可能的猜测，更因为这样做才有助于法官找寻到更具有说服力的事实结论。

第二，关联着事实认定的部分，法官确有必要作出充分的说理。具体来讲，至少应包括两个部分：一是积极地证成自己的"猜测"能够圆洽既有所有案件片段，二是消极地证否其他人的"猜测"之说服力或圆洽性不够。

第三，一方面，确有必要严格法官队伍的准入门槛，相对应地当然应该给予法官群体更好的职业待遇；另一方面，应建立法官独特的退休制度，也即对法官群体的退休不应以年龄来划定标准——因为年龄越大的法官，相对而言人生阅历更加丰富，当然也就更容易承认其他答案的可能性进而以一种更加开放且平等的心态对待各种关于事实的猜测。

第四，重思办案质量终身责任制和错案责任倒查机制。党的十八届四中全会通过的《中共中央关于全面推进依法治国若干重大问题的决定》（2014年10月23日）明确指出，"明确各类司法人员工作职责、工作流程、工作标准，实行办案质量终身负责制和错案责任倒查问责制，确保案件处理经得起法律和历史检验"，这意味着接下来我国必将构建办案质量终身责任制和错案倒查机制。从逻辑上讲，如果此一制度的设计者不能从观念上树立司法过程中的"错"与日常意义上的"错"并不一样的观念，则很可能对任何错案的认定本身就是一宗错案进而造成对相应具体办案人员的冤枉。这一应当树立的观念是：日常生活意义上的错案有相对客观、确定的判准，而法律领域内的错案则并不存在绝对可靠的实质性标准而只可能因而也只应该根据某些程序性标准判定——之所以如此，就因为事实结论的猜测本质和"一种可能"、也即"a"之特质。

第五，适当调整我国诉讼法中对于事实认定标准的表述。在现行的几大诉讼法的立法表述中，譬如2012年修正的《刑事诉讼法》，立法者仍然使用了诸如"客观""正确""事实真相""准确""正确""确实、充分"来指称、形容事实认定的标准。然而，如果事实认定不可避免地具有猜谜属性，其结论又注定只能具有"a"之特质，那么逻辑上的结论就必定是：司法过程中至少就事实的认定而言，从来都不可能达致"客观""准确"或"正确"，而只能是与既有案件片断圆洽程度或说服力大小的不同。

(本文原载《法制日报》2015 年 5 月 27 日)

司法与数据

据说现在人类社会已经来到了一个"大数据"时代，又据说若干年前我们国家已经迈入了"经济学帝国主义"时期——而经济学之于其他社会科学的一个明显区别是，它喜欢拿数据说事儿，甚至可以说它根本上仰赖数据。

我不是信息工程师，也不太懂经济学，所以我不大清楚"大数据"时代的到来到底意味着什么，也不甚明白数据之于经济学的关键意义为何，但我却确确实实感受到了司法，或许准确讲是司法评价以及司法理论领域似乎也开始动辄拿数据说事儿，并且呈现出一种变味儿甚至危险的倾向。

举两个例子。

一是现在很多法院在评价法官的工作时喜欢看他主审案件的上诉率以及改判率。按我并不全面的观察，法院在引用这些数据评价一个法官时，往往直接依据的是该法官主审案件的上诉率或/及改判率是否达到某一个数值：如果达到则轻辄剥夺评优资格（消极的制裁），重辄直接评差或更严厉的责任追究（积极的惩罚）。

二是随着近些年司法权威、司法公信力问题的凸显，越来越多的相关研究开始通过调查问卷、收集"一手数据"的方式来诊断当下的司法公信力问题。进行这种数据收集的既有纯粹的理论研究者，也不乏法院、检察院等实务部门的实践专家。

按说，"数据不会说假"，准确讲或许是调研者依据理论良知收集到的数据不会说假——事实上，经济学之所以如此"帝国主义"并被誉为是最有资格称为"（自然）科学"的社会学科，主要原因之一也正在于它以数据为核心，如果再考虑到拿数据说事儿还可以基本避免评价者的主观偏好，则这种做法不仅仅应该在理论上被肯定、鼓励，还应该被评价者大为欢迎才是。

　　然而，事实却似乎并非如此。

　　关联着如上第一种做法，我的很多法官朋友都经常向我抱怨自己面对如上数据时的憋屈：因为在很多案件中，他们秉着职业良知并遵循法律逻辑作出了一个自认为很好的判决，但却依然被上诉，有时还被改判，然后上诉率或改判率随之上升，进而得到相应的不良评价。我很能理解他们的憋屈，这是由于：

　　第一，一个案件是否被上诉，根本上讲并不直接取决于一审法官是否职业道德或专业素质"有问题"，而取决于当事人的意愿。简言之，如果你遇到一个比较"执着"或"难缠"的当事人，则无论你怎么判，都不过是你"收集"上诉率的过程。

　　第二，一个案件之所以被改判，往往是因为当事人在二审（或再审）过程中提出了新的诉求、新的证据，可以想见，一审法官并不曾、而只有二审法官才第一次面对这些诉求或材料，此时，逻辑上的结论就只能是：一审结论被改判其实很正常，并且这种改判与一审法官是否"有问题"没有"一毛钱"的直接、必然关联。你可能会讲，如果二审过程中当事人没有提出新证据、新诉求，那么相应的改判率总可以作为评价一审法官的数据基础吧？我个人仍然十分怀疑。以"王海案"——知假买假然后依据《中华人民共和国消费者权益保护法》"假一赔二"*条款索赔——为例，如果一审法官认定"王海"属于消费者因而可以获得双倍赔款而二审法官则否定"王海"的消费者身份因而无法获得双倍赔偿。此时，是否能够得出一审法官"有问题"的结论？答案当然是否定的。如果不考虑二审法院层级更高这个因素，单纯依据二审改判这一事实本身，我们唯一能够得出的结论其实仅仅是：二审法官与一审法官具有不同倾向。至此，可以说，以上诉率、改判率等数据来评价一审法官，或者哪怕仅仅以之作为一种重要参考标准来评价一审法官，都不仅仅对他们以及他们的工作极不公平；更恶劣的后果还可能是，倒逼他们牺牲自己的职业良知、法律逻辑以及独立精神，而尽量去迎合当事人及二审法官（以及其他什么外部压力）。

至于如上第二种拿数据说事儿的做法，则可能更加不靠谱。2013 年年初，由于一项课题研究的需要，我本人曾组织做过一个司法公信力的田野调查工作。在那次调查中，课题组成员发现了一个非常有意思但明显的错位：很多非法律人士的受访者一方面给予当前法院的司法公信力较低的评价；另一方面给出的理由却往往是诸如"法院判决没有尊重民众感情"或"党和政府对法院工作重视不够"等严格来说与司法公信力无关的理由。换言之，至少部分民众并没有按司法的逻辑来评判司法。这种大背景意味着，如果一个判决获得了这部分民众的认同，则虽然司法公信力之调查数据提升了，但这种提升却可能恰恰说明的是该判决是反司法逻辑的，相应地，则这种所谓公信力的提升反映的恰恰是司法状况如何的糟糕而非达到怎样的良善程度。

＊ 现在的《消费者权益保护法》已经调整为"假一赔三"，详见该法第55 条。

不难想见，如果单纯地拿数据说事儿，而不考虑此间可能存在的如上错位，就一定会出现如下可怕的局面：从理论上讲，当有学者通过田野调查收集到一个"95%的受访者接受、认同法院的判决结论"的数据时，可能很容易就进而得出"当下中国司法公信力情况接近完美"的判断——这种理论判断的可怕之处在于，它具有极大的误导性又具有极大的迷惑性；或当有决策机关根据田野调查收集到一个"20%的受访者接受、认同法院的判决结论"的数据时，也将很容易以之为依据来调整、设定相应的完善、提升司法公信力水准的措施——这种实践做法的可怕之处则在于，它不仅仅意味着相关的制度设计不具有真正的针对性，更可怕的后果可能在于这些制度设计还将扭曲相关的司法实践，进而让司法沦为助长不良风气的工具。

你可能会说，就算你举的这两个例子中数据可能确实不足以作为相应决断的依据或主要依据，但这并不意味着司法领域中的数据都不具有这种地位。这种可能存在的质疑意味着，除了如上两个经验领域外，我还有必要从逻辑层面来证成司法领域不应以单纯的数据作为主要的实践评价或理论思考依据。那么，我逻辑上的理由是什么？

概言之，我之所以怀疑司法领域数据的有效性，逻辑上主要是因为首先，司法是一项紧紧、并仅仅关联着意义的工作。以事实的认定为例，对法官而言，他要的永远不只是"张三用一把刀刺进了李四的身体"这种赤裸裸的生活事实本身，而必得释放其意义，如"张三实施了故意杀人行为"或"张三实施了正当防卫行为"。很显然，一旦我们进入到意义的层面，就将发现一方面，不同的人很可能就同一事件之意义作出不同的判断，因为他们所依据的基准本就有所不同；并且，另一方面这种不同本身并不必然能够说明作出相应判断的人是否"有问题"。而显然，意义的领域是无法用数据进行测度或评价——至少，无法用数据来进行准确测度或评价。

我之所以怀疑司法领域数据的有效性，还因为其次，很多人往往没有明确意识到数据本身与从根据这些数据的推论之间的界线，从而因为相信数据本身而"不知不觉"地过渡到了对其推论的信赖，进而导致了谬误或偏差。以前述上诉率为例，上诉率这一数据本身反映的其实仅仅是某一法官主审的案件当事人中有相当一部分或很大比例的人提出了上诉，但它是否意味着当事人不认同一审判决结论还是仅仅因为"好玩儿"或其他什么，则这个数据其实什么都没说；当然，至于主审法官是否"有问题"，该数据同样无甚必然或直接关联。必须明确的是，这种混淆"被解释的事实"本身与根据事实的"推理"或对事实"解释"的做法，当然不仅仅发生在司法领域，毋宁说，它普遍发生在所有拿数据说事儿的场所。或许也正因如此，现代社会学之父，第一个系统运用田野数据进行社会学研究的学者涂尔干（Emile Durkheim）才会在他的实证研究开山之作《自杀论》中明确告诫，"我们可能不止一次地弄错，在我们的归纳中超越观察到的事实。但是，至少每一种假设都附有证据，而且我们力求使证据尽可能多一点。尤其重要的是，我们每次将仔细地把推理和解释同被解释的事实明确地区分开来"——显然，涂老师的意思是，不仅仅数据的归纳本身很可能出错，更容易导致出问题的则是对事实与推论或解释的混淆，因而必须慎重对待数据。

总之，或许尤其紧密关联着上述第二点，我并不断然否定司法实践或理论领域中的数据本身，所以我当然也并不否定相关数据采集工作本身的价值，我怀疑的仅仅是：在司法这样一个关乎意义、充盈着价值判断的领域，这些冰冷的数据到底能说明多少东西？它值得我们给予它那么多的信赖吗？

（本文原载《法制日报》2014 年 10 月 22 日）

物证技术的谦抑与无罪推定的限度

近日偶然看到对我国台湾地区物证鉴定专家李博士的一个访谈节目。在这个节目中，李博士侃侃而谈，并浓彩重墨地叙说了这样一个案例：

十七八年前，在美国某个炸鸡店发生一起凶杀案。但由于凶手反侦查意识和手法都很高，因而现场几乎没有留下任何物证、痕迹。于是，美国警方向李博士求助。经过一番搜寻，仍然一无所获。最后，李博士向警方索要到当时炸鸡店的垃圾袋，才从中找到了一块被啃咬过的鸡翅。李博士及其团队从其中的唾沫中检测出了DNA。然而苦于当时美国尚未建立全国性的DNA数据库，因而也只是存档了事儿。但法网恢恢，若干年后，美国警方在侦办另一起案件中，居然比对出当时案发现场DNA的"主人"。于是，进一步侦讯下去，终于真相大白，找到了凶手。

李博士显然把这个案件视为其个人职业生涯中的一大经典之作，并自认为如果不是他独辟蹊径，重新勘验美国警方已经处理掉的垃圾，并先于当时绝大多数刑侦专家花费大量功夫采集现场DNA，这个案子很可能将成为永远的疑案——至少从该访谈节目交代的前后内容以及李博士的自述来看，由他当年采集的那个DNA档案确实是侦破该案的最有力证据甚至可以说是唯一证据。在这个意义上，李博士倒也确有理由自负、自得。

然而，在我看来，该案固然没有成为历史的疑案（已被宣告侦破），但却可能成为一个冤案（犯罪嫌疑人被冤枉）。何以这么认为？原因在于，那个 DNA 本只能证明嫌疑人（假设名叫张三）吃过的一个鸡翅出现在现场，但却不能证明张三一定到过现场；就算可以证明张三到过现场，也不能证明张三何时到过现场；即便通过物证技术能够推断出张三到现场的时间，也不能证明张三到达现场后杀了人；再进一步看，假设只要现场有张三的 DNA，就可以推定他杀了人（这显然逻辑上过于强盗，所以此处加了一个"假设"），也无法证明张三是故意杀人，而不是过失致人死亡甚至正当防卫或其他除罪行为。

那么，为何本案还是以 DNA 为基础而宣布告破呢？我认为，主要是如下相互关联、加强的两方面原因：第一，当事人的内心愧疚。作为一个"人"，当他（或她）做了一件错事之后，尽管可能会抵赖，但毕竟内心始终是有这种自我认知和确信的。于是，当他表面上的这种抵赖遭遇到某些外因时，如披着"鉴证科学""物证专家"外衣的某些"铁证"，很可能瞬间崩溃，进而主动交代、配合警方的侦办。第二，侦办机关在侦办案件过程中对于无罪推定原则的违背，或至少是一定程度的违背。如所知，所谓无罪推定，指的是在法院没有最终定谳之前，任何人不得被当作犯罪人对待。若以严格的无罪推定标准看，则任何一个人都不必以犯罪嫌疑人的身份配合侦破机关的案件侦办——从逻辑上讲，当一个人被认定为"嫌疑人"并以之为身份（任何人当然有义务以证人身份）接受讯问、调查时，其实已经某种程度上被推定为"有罪"了。你或许会说，"犯罪嫌疑人"身份只是说明他有"嫌疑"，并没有作有罪推定。但我认为，这不过是个语言游戏，一如"窃书不能算偷"一样：如果没有推定他犯罪，怎能针对他采取各种刑侦措施，尤其是强制措施？

或者我们可以换个角度考虑这个问题：在本案中，假设若张三足够"聪明"且无赖、无耻（完全丧失了人之为人的基本良知），并且侦办机关严格遵从无罪推定原则，则张三在 DNA 证据前面，只需要大方承认"没错，那是我的，但我不知道怎么那个地方会有我的 DNA"或"没错，我当时确实到过现场，但随后就离开了"之类的内容，就可一走了之。也就是说，张三并不需要向警方证明，他没有杀人、犯罪；他甚至/当然也不需要回答警方任何其他的相关问题，诸如"你如果没有到现场，你咬过的鸡翅怎么会到这边""你到现场后，做了什么""你到现场后，有没有杀人""你当天的各种行为有谁能作证"。在这种情况下，警方以及检方怎么可能证明他有罪？换言之，警方一定需要他某种程度上证明自己的无罪才有可能最终侦破本案，如举证证明自己当天确实没有到过现场，或当天只是购买鸡翅然后走人，又或当时他杀人了但却是正当防卫。可以肯定，严格的无罪推定原则一定没有强加张三这样的义务，相反，倒是赋予了他相应的"不自证其罪"的公民基本权利。

如上叙所说至少紧密关联着这样两个命题。

一是物证技术的谦抑。相信读者诸君已然从前文的字里行间体会到我对李博士之自负所持的保留甚至贬斥态度，之所以如此，一方面固然因为本来所谓"大家"尤其应当小心立论，并注意给自己的结论设定适用的语境和条件，而绝不是也不应以一种先知的姿态告诉大家一个"真相"*；另一方面，也是更重要的，在刑事案件的侦办过程中，物证技术充其量只是提供线索的工具。可以说，无论怎样的物证结论，都无法指向作为一个整体的"案情"，因为物证结论只是"片断"，而案情则一定是通过对物证结论等"片断"进行回构才可能推知的"连续体"。至于从物证技术角度推知的"案情"与作为法官最后判决结论小前提的"事实"则更有赖于法官对该案情的定性，也就是说，作为小前提的"事实"根本上并不能为物证技术所决定。以本案为例，物证技术只能证明张三有没有吃过那个鸡翅，或进而证明张三有没有到过现场，又或证明张三有没有杀死店主，但至于张三的"吃""到过"或"杀死"之间的逻辑关系以及它们各自到底意味着什么，则物证技术显然无法给出最终的答案。申言之，物证技术当然是刑事案件侦办、审理过程中的重要工具，但它实际上能发挥的作用非常有限；更重要的或许是，物证技术专家必须谨慎且有条件的立论，而不应轻易越出雷池得出超越自己实际范围的结论。

　　本案中李博士及美国警方从现场存有张三的 DNA 得出后者是凶手的结论就是典型——幸运的是，本案或许确实不是冤案。然而，如果物证专家不保持足够的谦抑，而侦办人员又过于迷信物证技术，尤其过于迷信物证专家的专家证言，毕竟始终有可能造成冤案。1996 年轰动我国台湾地区的"江国庆冤案"（百度搜索中有专门的词条）就是如此：在 5 岁的谢姓被害人女童陈尸的现场，侦办人员在一张卫生纸上发现了江国庆的精液以及被害人的血液，然后

　　＊　还记得《司法官角色的三个比喻》文中第一部分"司法官与历史学家"中提出的"司法官应当对事实之结论保持一种战战兢兢、如履薄冰的敬畏心"这一判断吗？

以之为基础展开侦讯并最终认定后者就是凶手。直到江国庆被执行死刑后，在侦办另案时才发现冤枉了他。按说，在一据信与猥亵儿童有关的凶杀案现场发现某人的精液，无论如何比在一个普通凶杀案现场发现某人的唾液更能认定其"主人"就是凶手——遗憾的是，江国庆案的"真相"却恰恰不是如此。

二是无罪推定的限度。刑事办案过程中无罪推定原则的确立，对于公共权力可能之滥用的抑制以及对于公民个人权利的保障，无疑发挥了重要的观念作用。但正如前文的分析已经揭示的，当前人们对于无罪推定原则或许尚存在一些盲区：它的适用范围是什么？是包括立案、侦查、审理在内的整个刑事办案过程？还是，仅仅及于某个特定的阶段？它是一项主要具有意识形态、观念导向意义的原则，还是一项必须且有可能得到严格落实的规范意义上的原则？对于这些问题，当需专文详加探讨，唯须肯定的是，它的适用一定有并且应当有其限度。否则，在刑事办案的过程中，如果全程严格推行无罪推定，那么一方面我们很可能需要整个重构刑事案件侦办程序；另一方面，只要犯罪人足够"无耻"（说谎＋拒绝任何意义上的自证清白），就将可能导致许多刑事案件无法侦破。而这，无疑不是我们想要的。

（本文原载《法制日报》2014 年 5 月 7 日）

形式正义：更合适的办案质量衡量标准

近日，中共中央政法委出台了首个防止冤假错案指导意见，其中，首次明确了"法官、检察官、人民警察在职责范围内对办案质量终身负责"。从导向角度看，这一意见无疑对于提升执法、司法质量进而提升整个法治水平具有积极意义。就此而言，我举双手赞同指导意见中的相应呼吁；但在叫好的同时，我也十分期望大家能对这样一个问题予以充分的关注、讨论，因为如果没有对这个问题的明确认知，很可能导致相应指导意见"好心办坏事"：所谓"办案质量终身负责"中办案质量的具体标准是什么？接下来，我将引入"实质正义"和"形式正义"两个范畴来对这一问题谈谈个人的看法。

一般认为，这两个范畴最早由韦伯予以系统地讨论。韦伯认为，普遍存在有两种正义观念，即实质正义观和形式正义观。其中，前者指的是以一种实体的目标或标准作为正义是否实现的考核基准，而后者则指以某种程序性或形式性标准作为正义是否实现的考核基准。根据这一划分，大抵可以认为，传统中国主要具有的是实质正义意味，这甚至仍然反映在今日中国的诉讼制度设计中——最典型的表现是，几乎所有诉讼制度都在设定两审终审的同时又预留了再审空间，而以实质正义为圭臬的再审制度的存在，实际上意味着之前所有的诉讼环节以及标准在实质正义前面都是可以推翻的。换言之，诉讼规则本身的规定（可看作形式标准）终究低于案件实质正义的实现。

从根本上讲，形式正义让位于实质正义当然没有什么问题，但作为一种典型的社会事件（与物理现象相对），正义的实现往往无法达致"根本"的程度，而只能达致"某种"程度。换句大白话，正义的实现往往只是"半拉子工程"或充其量是"大半拉子工程"。之所以如此，是因为第一，正义本就没有绝对标准，因而不同群体、不同语境几乎总是存在不同的实质正义标准。这其实也正是埃德加·博登海默（Edgar Bodenheimer）讲的"正义有着一张普洛透斯似的脸"。这也就是说，在"社会"，当然也包括在"司法"语境中，可能对于何谓"实质正义"本就是一个无法从根本上进行统一确认的问题。

至少同样重要的是，即便有时候我们确知"实质正义"是什么，第二，现有的司法机制中也不存在可以确保"最后的正义"之实现的具体措施、途径。以事实的认定为例，所谓实质正义的事实当然是指实际发生的那个客观事实；然而，由于法官无法回到过去，而只能根据过去事件遗留的痕迹（证据）进行主观的推断，并且并非所有的，而只有那些具有合法性的痕迹才可以作为法官进行事实推断的基础，因而他（或她）得出的结论尽管可能正好与实际发生的事实重合，但更大的可能却是事实与结论存在某种程度的偏差，甚至正好相反。事实认定的此种实质实际上也就意味着司法决策过程中的"事实"一定是可争辩的。换言之，至少在事实的认定方面，相应结论其实并无法像文学作品中所宣称的那样"客观、准确"并"经得起历史的考验"。

申言之，实质正义固然应当是最后、最高的正义，但在"社会"这一场域中却往往不可得，因而更现实的追求就不得不是形式正义。关联着司法以及行政执法，这一结论意味着现实、可行的正义目标只能是法律设定的形式正义：同样以事实的认定为例，如果刑事诉讼法规定"不具有合法性的证据不能采信"，那么，即便一个证据可能有助于认定客观事实、也即达致实质正义，也不应予以采纳；如果民事诉讼法规定事实的认定标准是"压倒性胜利"，那么，只要原被告双方的举证中有一方证据证明力大于另一方面，则无论客观事实是什么，法官都只应认定"胜利"一方所主张的事实；如果诉讼法规定一审案件的审理期限是 6 个月，那么，在 6 个月之内如果诉讼一方无法举证证明己方所主张的事实，则法官就只能认定该诉讼方主张的事实不成立……

回到本文开篇提出的问题。笔者以为，所谓"办案质量终身负责"中的"办案质量"不应是实质正义意义上的，而应该并且只应是形式正义意义上的。举例而言，若某一法官根据当前的证据认定了某种事实或得出了某种结论，那么，即便若干年后出现了新的证据进而可能从实质上可以推翻该法官若干年前的结论，也不应认定该法官在审理过程中存在办案质量问题。进而言之，办案质量的唯一度量衡是法律预先设定的形式标准（当然，这形式标准必定会充分考虑实质要求，但那是立法者应考虑的事儿）。这既因为唯有这样的标准才是现实可行的标准，而片面地迷恋于实质标准除了加重公检法机关及其工作人员的压力外并不必然可以提升实质正义的实现程度；也因为唯有以这样的标准要求法官才符合法官职业的如下内在逻辑，"法官是法律世界的国王，除了法律就没有别的上司"（马克思语）；还因为唯有如此，才是真正的"依法办事"进而从长远来看也最有助于达成"依法治国，建设社会主义法治国家"这一党和国家早已设定之宪法目标。

当然，我之所以主张应当以形式正义为标准来衡量司法质量，还在于这也是从逻辑上讲对一线办案人员唯一公平的方式。我们知道，一线办案人员真正能够控制的是自己的办案行为、办案程序是否合法合理，也就是说，他唯一能够控制的只是形式正义，至于结果是否符合实质正义、是否会在将来被推翻则并不能控制——他不可能控制将来会出现怎样的新证据，更无法控制进一步带来的案情之重构以及相应意义的赋予，他也无法控制将来的评价者以怎样的价值标准来评价；我们还知道，合理评价一个人的做法应当是以他能够控制的事务为限（所谓责任自负）。综合考虑这两个方面，则以实质正义为标准来评价一线办案人员岂不正是以后者不能控制的事务来评价他？反过来说，形式正义是对一线办案人员唯一公平的办案质量评价标准。

总之，所谓"办案质量终身负责"中的"办案质量"应该主要依据形式标准进行判断。简单说来，即一个法律结论是否能够经受既定法律程序的考究？如果回答是肯定的，那么，就可以认为办案质量可靠，因而即便以后被推翻也不应追究相关办案人员的法律责任；反之，即便一个法律结论可能暂时符合一时一地的所谓实质正义标准，但如果它无法通过既定法律程序的考核，则也有理由对其保持一定的疑问。

当然，必须指出的是，以形式正义作为办案质量之衡量标准并不意味着我反对办案过程中追求实质正义——我强调的仅仅是，即便实质正义值得追求，它也不是办案质量的恰切评价标准。另外，我也深知，推行形式正义标准，在短期内可能会存在这样或那样的压力，相应办案人员也可能将面临这样或那样的非议，这或许对于我们这样一个实质正义观念浓厚的国度而言尤其如此。但如果我们认可"实质正义只能某种程度实现"这一判断，则面对这种压力的明智应对就绝不应是单纯地迎合，而应是积极进行引导、改造，进而让全社会都意识并逐渐接受这样的观念：形式正义标准具有更大的现实性与可行性。颇令人欣慰的是，有关这一点，指导意见显然也有所考虑，所谓办案人员"不能因舆论炒作、当事人及其亲属闹访和'限时破案'等压力，作出违反法律规定的裁判和决定"。

(本文原载《法制日报》2013 年 8 月 28 日)